斜槓
SLASH
青年

全球職涯新趨勢，
迎接更有價值的多職人生

SUSAN KUANG
著

目錄

Chapter 2 迎接多職人生

Chapter 3

成長，請先折磨自己

Chapter 4

此時此刻，就過自己的人生

自序／

從此以後，按自己的方式生活

前陣子，約好友X先生吃飯，問其最近的安排，他眉飛色舞地說，九月在北京看故宮「石渠寶笈」書畫展，然後去杭州看「絲路之綢」特展，再去廣州看「千年風雅」宋元書畫展，從那前往香港看漢武帝特展，順便嚐嚐米其林三星中餐廳龍景軒，中秋節再去維多利亞港灣賞個月，緊接著就得去台灣看蘇東坡〈寒食帖〉和「郎世寧來華三百年」特展，當然台北的紫艷中餐廳和糖村牛軋糖是不能不吃的；十月中旬去日本，除了吃懷石料理，還要看奈良正倉院特展、京都琳派特展、東京國立博物館中國書畫特展，當然最重要的是九州國立博物館十週年特展，有展出唐代的螺鈿紫檀五弦琵琶；十一月，在去南美和南極旅行之前，不能錯過紐約大都會博物館的百年中國書畫展，能看到唐代韓幹的〈照夜白〉。

雖說我早已習慣了X先生獨特的生活方式，但這種「看展人生」還是讓我大吃一驚，於是半開玩笑地回他：「你這種生活也太奢侈了吧！」說奢侈，並不全是因爲他的花費，相較於眞正奢華的生活，這些花費其實也並不算高，更多是因爲他能不受錢和時間的限制，隨心所欲地過自己想要的生活，這似乎才是眞正的「奢侈」。

X先生是一個世界文化遺產的狂熱愛好者。他自小熟讀史書，書上能讀到的，他都了解得差不多了，因此他最大的夢想就是能親自體驗那些留存下來的世界文化遺產。爲此，他把過去十年的大部分時間花在了行走的路上，遍歷世界各地的文化遺產，此外，哪裡有好的展覽，他也專程飛過去看。到目前爲止，他已經去過近五百處世界自然文化遺產，也把中外頂級的歷史文物看了一遍。

和X先生相識兩年多，因爲一些共同的興趣，我們慢慢從最初的工作關係變成了無所不談的朋友。關於他這種生活方式，我也從一開始的不理解，轉變到現在的欣賞和支持。不過，我欣賞的並不是他能夠到處遊走，而是他敢於按自己的方式生活。

能夠想清楚自己想要什麼並勇於追求，不是一件容易的事。人都會有從衆心理，這種心理使我們想和周圍的人保持一致。在原始社會，從衆會增加我們的生存機率，因此這種選擇是明智的。不過人類社會發展到現在，「從衆」與「生存」似乎不再有直接的因果關係，但是這種原始的力量依然存在並主宰著我們。

從有意識開始，我們就開始「模仿」周圍的人，不知不覺中繼承了前人的生活方式和價值觀。這並不是壞事，反而使生活相對簡單，因爲我們不需過度思考和選擇。若生活能夠一直這樣下去也無大礙，可問題在於，有一天，我們很可能會突然發現，原來自己是有選擇的，原來生活可以有如此多種的可能性！於是我們陷入了一種困境：選擇繼續從眾？抑或跟隨自己的內心去探索？

從眾是穩定和安全的，但我們很可能會因爲某一天的覺醒而生活在遺憾中；探索，毫無疑問是種「冒險」，因爲沒有了「模仿」的目標，一切都得依賴自己，但也許會讓我們的人生少了些遺憾。

很長一段時間，我都處於這種困境中：我知道自己並不適合穩定的上班生活，卻沒有足夠的本錢與勇氣擺脫它，更不清楚怎樣的生活才是自己眞正想要的。

二〇一五年，某個外在因素終於促使我脫離了「常軌」。這時我才發現，「過自己想要的生活」其實是個僞命題，因爲你根本不知道自己喜歡怎樣的生活，直到你開始過這種生活。

我原以爲自己是個事業型的女強人，渴望成爲叱吒職場的菁英。過了一段不上班的生活後，我才發現其實自己並沒有所想像的富野心和志向，反而更喜歡這種不慌不忙、有足夠支配的自由時間，去享受生命和發展自我的生活。

過去，我以爲上班是生活的必需品，因此對於X先生的生活態度，一度無法理解與認同。辭職之後我才慢慢發現，工作不過是手段，不是目的。的確，賺錢十分重要，因爲錢爲我們提供了生活所需，帶來安全感，可是如果已經有足夠支撐自己生活的資金，那麼可否不再把賺錢看成當下最重要的目標了呢？

我絕對不是在否定上班這件事，畢竟朝九晚五是現在大多數人的生活方式。但我們需要意識到，它既不是賺錢的唯一方式，也不是實現自我價值的唯一方式。我們應該允許不一樣生活方式的存在，不過度評價他人的人生選擇。因爲在我們把自己的價值觀強加於人的同時，我們也限制了自己，並失去了本可擁有的更多可能。

事實上，有一群人已在全球各地崛起，他們被稱爲「斜槓青年」。「斜槓」一詞源自於英文「Slash」，這個概念出自《紐約時報》專欄作家瑪希·艾波赫的著作。她在書中提到，如今越來越多年輕人不再滿足於「單一職業」的生活方式，而是開始藉由多重收入、多重職業來體驗更豐富的生活。這些人在自我介紹中會用「斜槓：／」來區分不同職業，於是「斜槓」便成爲他們的代名詞。

早在一九九六年，美國學者阿蒂爾和盧梭就提出了類似的概念：無邊界職涯。無邊界職涯強調以提升個人能力替代長期雇傭保證，使員工能夠藉由跨足不同的組織體現無邊界職涯，亦即，能力才是賺錢的關鍵，只要有才華、有實力，就能藉由爲不同組織服務，獲取更多收入及生活上更高的彈性。這將是未來組織變革的重要趨勢，因爲在知識經濟時代，人才將取代資本成爲核心生產要素，一切組織與生產都將圍繞人才展開。

「斜槓青年」這個概念被提出後，一股新的潮流隨之而起。一夜間，「斜槓青年」成爲許多上班族的理想生活方式與奮鬥目標。然而，大多數人對於它的理解是不完整的，甚至可說是扭曲的。

「斜槓青年」的外在表現形式是多重收入與多重職業，這常導致一種誤解，以爲身上多掛幾份兼職，再貼上一些標籤，就是所謂的「斜槓青年」，這樣的認知顯然是膚淺的。爲此，我有必要重新解釋「斜槓青年」的意涵。

首先，「斜槓青年」代表的是一種全新的人生價值觀，它的核心不在於多重收入，也不在於多重職業，而在於多元人生。它是對工業時代「一個蘿蔔一個坑」的工作模式，以及用單一職業來定義個人的一種反思與挑戰；同時也是對人類的好奇本能，以及個人想發揮多種潛能的內在衝動的一種尊重和釋放。

其次，「斜槓青年」是時代的產物。在過去，對於這種豐富的多元人生，大多數人只有羨慕的份，那樣的生活只屬於不用爲生計操心的富裕階層。而如今不一樣了，社群網路與科技的發展加速社會流動，也帶來組織變革。時代的進步，爲有能力的人提供了擺脫組織、公司束縛的可能性，以及藉由自身實力即可獲得足夠收入，同時過上充實富足且自由無虞生活的機會。這麼一想，生活在今天的我們是何其幸運啊。

最後，「斜槓青年」的生活方式需要實力來支撐。如果我們觀察身邊那些已經成爲

「斜槓青年」的人，會發現他們實際上都是一群自制力強、經歷過長時期的自我投資與累積，並且擁有核心競爭力的人。

我經常遇到這樣的提問：「我要怎麼做才能成爲『斜槓青年』？」

我會說：「你先問問自己，是否眞的想清楚自己要什麼？是否擁有強大的自控力？是否有一項或多項突出的才華與技能？如果沒有，那麼還是先花時間讓自己成爲一個有實力的人吧。」

沒有自制力與實力作爲前提的自由，只能被稱爲任性，正如這句話所言：「當你的才華還撐不起你的野心的時候，就應該靜下心來學習；當你的能力還駕馭不了你的目標時，就應該沉住氣來歷練。夢想，不是浮躁，而是沉澱和累積。」

我目前就是這種「斜槓生活」的實踐者，但爲了避免「斜槓青年」帶來的誤解，我更願意把這種生活方式稱爲「無邊界人生」。無邊界的含義是廣泛的，它可以指職業和收入的無邊界，也可以指工作方式的無邊界，意即沒有限定的工作場所，沒有固定的雇主，沒有固定的合作夥伴，更重要的是一種心態上的無邊界——人生沒有必須或一定，人生有無限的可能。

我想打破邊界，是因爲那些所謂的「邊界」都是被定義出來的，它們並非永恆不變，也非理所當然。只要我們能突破心中的局限，就能爲人生打開無數扇窗。這樣的人生，才是眞正値得期待和追求的人生。

儘管我從職場人士過渡到「斜槓青年」的這條路走得十分順利，但是坦白說，在剛離職的時候，我還是經歷了一段相當沒有安全感的時期，因爲接下來要面臨的不確定因素太多了。而讓我最在意的是，萬一哪天罹患醫療費高昂的重症，卻沒有足夠的錢支付，該怎麼辦？一次和好友聊天時，我無意間談起了這樣的顧慮，結果她一句話就徹底打開了我的心結：「如果實在沒錢治，那就別治了唄。」我恍然大悟，是啊，爲什麼要如此執著於「生」呢？所有生命都將在某個時間點結束，只是早晚的問題，而生命如此無常，以至於我們根本無法預知明天和意外何者先至，與其犧牲現在爲不可測的未來做準備，還不如用心地把每一天過好。人一輩子，最可怕的不是死亡，而是當死亡來臨時，你突然發現自己從未用想要的方式活過。

Chapter 1

在人生的交叉口，你會往哪裡走？

面對不確定，總有一種強烈的不安全感。直到我看見了那扇門。那一刻，我毫無畏懼，充滿期待。因為我知道，走出去必是海闊天空。

全新的開始

廈門，不知從何時開始，對我而言這個詞與「浪漫」「文藝」像磁鐵一般吸在一起。一想到廈門，腦海裡浮現的便是微風拂過的夏日海邊、蔚藍天空下垂在白牆邊的九重葛，以及無數設計感極強的文藝小店。於是和朋友商量，打算端午假期去廈門玩。

帶著這些美好的憧憬，我們來到了廈門。然而，看到知名文青景點——曾厝垵小漁村的第一眼，我就隱隱感覺到內心的失落。穿過人潮湧動的巷弄，我們寸步難移地往旅店的方向行進著，儘管路旁小店以很多當代設計和文藝詞句做掩護，還是掩蓋不住那些赤裸裸的「吃吃吃」和「買買買」等刺激物欲的商業目的。不需發揮任何想像力，我們就明白了鼓浪嶼會是怎樣的光景，於是我們隨即決定第二天清晨改徒步去有著千餘年歷史的南普陀寺。

我一直鍾情於寺院，渴望身處佛門清靜之地的空寂，然而到了寺院門口，看著高高舉起的旅行團旗幟，我徹底無語了。在假日逃離人群似乎是一件不可能的事。不過，我抱著最後一絲希望——逛逛那些獨立書店和藝文咖啡館吧。廈門確實有些獨特且用心經營的咖啡館，裡面的環境和自然散發的氛圍，瞬間就知道是我正在尋找的感覺。然而出乎意料的，欣喜只持續了不到十分鐘，在那一刻，我突然意識到自己不同了，這感覺已無法激起我真正的熱情，坐在人工的文藝當中，我渴望的卻是一種「空」的境界。

去廈門的前兩週，我做了一個重要決定——離開現在的公司。這個決定從表面上看，是由於公司在沒有和我商量的情況下，做了某個我無法認可和接受的決定，以致很多同事覺得我是一時「衝動」或「太過任性」，但我心裡明白這背後有著更深一層的原因，只是我還無法很條理清楚地詮釋這種來自內心深處的執著。而這趟廈門行，卻讓我意外地明白了自己如此堅定的理由。

五年前，剛回國的我放棄了正在努力的CFA（註冊金融分析師）二級考試，接受剛進入中國的矽谷新寵「高朋網」[1]的offer，脫離金融分析師的職場軌道，正式踏入網際網路行業。矽谷吹來的創業風讓我看到了網際網路的光明與未來，這必定是一波具顛覆性的新浪潮，我很慶幸自己已身在其中。

一時間，身邊聚集了很多從美國頂級名校回國的高材生，甚至許多在矽谷或是投身此行多年的菁英都選擇回國創業。這群人不僅擁有令人羨慕的教育背景、超凡的頭腦，還有

1 美國團購網站Groupon和騰訊合資的中文版Groupon團購網站。

一顆企圖改變世界的心。和他們在一起，我感覺自己所有的細胞都被啓動，我們一起分享著矽谷那些激動人心的創業故事，探討著新興的商業模式，憧憬著網際網路帶給我們生活的改變。

轉眼四年過去了，網際網路的發展速度卻很難讓人相信過去的一切只發生在短短的幾年間。四年裡，人人網[2]沒落了，千團大戰之後只留下了美團網等贏家[3]，新浪微博還沒火幾年就被微信所取代，然後就是層出不窮的自媒體和APP。

曾經在一個飯桌上吃飯的化妝品團購網聚美優品的聯合創辦人去紐約敲了鐘，在科技媒體上也經常能看見以前夥伴的報導。等到熟人社交、陌生人社交、職場社交等概念被玩爛了之後，又開始了新一輪的O2O[4]模式、網路金融和共享經濟。

即便是兩年前，我們仍無法想像如今移動網際網路（Mobile Internet, MI）爲生活帶來的改變：現在，我們出門用滴滴[5]，美甲、按摩甚至煮飯都能提供到府服務，餘額寶[6]慢慢取代了金融卡，幾乎可以瞬間完成所有的線上交易。熱錢的湧入讓投資人遍地都是，創業門檻低到幾乎是上班之外的另一個選擇，創業者也從曾經的菁英群體擴大到了剛畢業的「九〇後」。

以前聽到別人創業，心中還會升起由衷的欽佩，現在誰再說自己在創業，我眞的巴不得立馬轉身離開。他們身上完全沒有矽谷人那種通過科技改變世界的情懷和理想，談論的只是如何利用庸俗的手段來吸睛，相互合作推廣換量（交換資源），再去融資拿錢。每當傳統行業的人問ＡＰＰ如何賺錢時，我只能苦笑著回：「網際網路眞正的盈利模式其實是『忽悠』（哄騙）投資人的錢。」曾經那個吸引我的移動網際網路領域已經徹徹底底失去了節操，淪爲資本運作的工具和流量倒賣市場。

廈門的曾厝垵幾乎是移動網際網路線下的再現版，把人性貪婪、欲望和庸俗的一面展現得淋漓盡致。曾厝垵原本就是個小漁村，不曾積澱任何歷史和文化，完全是靠錢打造出來的一個商業景點。曾厝垵和移動網際網路都是短期內用錢撒出來的概念，同樣使出各種

---

2 原名校內網，最早以學生為主要用戶，為中國早期風行的社群網路平台之一。

3 二〇一〇年前後中國掀起團購熱潮，從用餐、訂房、看電影到腳底按摩，數千家團購網站一度掀起競爭亂象，如今只剩以精品團購形式的美團網等服務品質完善的團購網穩定經營。

4 Online To Offline，是一種透過線上（網路上）的行銷活動將人流帶到線下（實體店面）體驗或消費的經營概念，例如Uber、Airbnb，以及已自台灣撤資的Groupon等都是O2O的應用。

5 中國最大叫車服務「滴滴出行」，可在手機預約計程車、共乘、代駕等多項服務，類似台灣的台灣大車隊。

6 為中國阿里巴巴集團旗下的貨幣基金，號稱零錢也能理財，每天都有收益，帳戶可轉帳或網購，月底還能查看支出明細，滿足一般收入民眾對小額、低風險、高流動性的理財需求。從二〇一二年不到百億人民幣規模，直至二〇一七年已突破上兆人民幣，用戶已超過三億人。

手段來吸睛，藉由刺激人最原始的欲望來獲取商業利益。在他們眼中，所有人都是擁有消費潛力的「流量」。

於是，當公司下達明確的任務和目標時，我很清楚自己無法完成。儘管我明白資本市場的要求，也理解在資本壓力下創業公司不得已的選擇，可對我來說，那些冷冰冰的用戶資料實在無法激起我內心的熱情。我需要知道自己的行為意義，需要看到使用者因爲我們所做的事而變得更好，而不是讓他們成爲欲望的奴隸。

選擇離開並不是一件容易的事情，面對不確定，人總是會有種強烈的不安全感。即使在下定決心之後，有那麼一瞬間我甚至還有過妥協的想法。很巧的是，就在那天晚上，我做了一個夢，夢見自己馬上就要離開這個人世。夢裡，我望著窗外的藍天，悲涼地自言自語：「這是我最後一次看到藍天了。」第二天，我被透入窗簾的陽光喚醒，睜開眼的那一刻，我慶幸自己還活著。早上七點，我約了網球教練上課。在球場上，我揮著球拍，歡暢淋漓地奔跑著，天空那透徹的湛藍色給了我一種源自基因的原始快樂，晨光灑在身上，從皮膚一直溫暖到內心深處，驅散了積累已久的陰鬱和焦慮。我告訴自己：「這才叫生活！」從那一刻起，我再也沒有動搖過。

我們每個人都有自己的節奏，這種節奏意味著我們每天在精力、情緒、狀態和表現中起伏不定，而在每週、每月、每個季度、每一年中，這種起伏都會發生更微妙的變化。我們本可以踏實地坐下來沉浸在這樣的節奏裡，但進入學校和社會之後，時間被機械地分割了。我們很難再按著自己的節奏走，而是被其他人掌控了步伐。社會要求我們適應各種來自外界的規範，從而適應他人的步調。這樣的結果就是，每個早晨我們都要面對被逼上競技場的壓力。童年時期強烈的融入感和對世界的好奇心，已在不知不覺消散。被社會掌控的我們越來越依賴眼前的物質世界，也越來越容易受他人影響：按他人的規則做出自己的決定，按他人的價值觀過自己的生活。其實早在進入學校開始，我們就和眞實的自己漸行漸遠，最終成了生活的囚徒，終日勞累奔波，爲他人的觀感而苦惱。

我們生活的世界變成了一個巨大可怕的地方。在這裡，我們不停地鬥爭，以滿足自身難以止息的欲望，而往往在目的達成時，卻發現結果並不是自己想要的；我們努力追求生活品質，卻發現所謂的生活品質，其實多是從衆而無想像力的。我們最終發現，這個時代最大的挑戰，其實是如何使生活富有激情、創造力和活力。因此，我要離開的不僅僅是這份工作或是移動網際網路行業，而是要離開這種扭曲的生活狀態。

人生本應是充滿歡樂的，可我們卻把從小上補習班、長大後坐辦公室埋首在不喜歡又毫無樂趣的工作，同時背負著沉重的經濟壓力，以及買房生子的生活看成理所當然，似乎擁有太多快樂的人反而顯得不正常了。

選擇離開，因爲我想看看回到快樂、自然、充滿驚奇的生活是否爲一種可能。在公司的最後一天，當我交接完所有工作，邁出公司大門時，心中沒有任何畏懼，反倒充滿了期待，因爲我知道，走出去必是海闊天空。

生命的意義，誰決定？

從小我們在長輩和師長的訓練中，建立了一套根深柢固的邏輯：在學校好好讀書，念得好就能考上好大學；考上好大學就能找到好工作；好工作意味著收入好，買房買車、結婚生子，老年生活才能過得好；等到孩子成家立業之後，就能退休養老。從小到大，我們都嚴格按這種邏輯來計畫人生，然而我相信，每個人都會遇到那麼一瞬間突然開始懷疑：難道人生就這樣了嗎？

當那一刻到來的時候，有人選擇思索人生，渴求找到生命的意義；有人選擇放棄，依循原本方式繼續走下去。我屬於前者，但我不知道這是幸還是不幸。記得曾聽過一個玩笑式的選擇題：你想成為一個痛苦的哲學家，還是一隻快樂的豬？乍聽之下會心一笑，但其中蘊含的道理卻很深刻。喜歡思考的人在大徹大悟之前，往往要比不喜歡思考的人經歷更多內心的痛苦與迷茫。

我第一次思考人生是在剛上大學的時候。大學時光對很多人來說是充滿快樂的青春回憶，可對我來說，卻是人生最黑暗痛苦的時期。當時身邊所有人都在談戀愛、熬夜打電動、蹺課出遊，我卻被一個問題深深地困擾著：活著到底是為了什麼？它就像一隻魔爪，牢牢抓著我不放。爲了找到答案，我不停地追問身邊的人，期盼能獲得答案。如今我已記不得大多數聽到的答案，只有一個例外，來自班上一個非常樸素且勤奮好學的女孩。我問她時，她甚至沒有任何猶豫就直接回答：「活著就是爲了受苦，苦受完了，生命也就該結束了。」直到那一刻，我才豁然開朗，心中似乎有把生鏽已久的老鎖終於被打開。爾後，我再也沒向旁人問起這個問題。我想，她的回答也許爲我當時經歷的痛苦找到了一個合理的答案，也就暫時放下了心中的困惑。

從那之後近十年時間，我從未放棄對這個問題的思索，儘管累積了不少人生經歷，但始終沒能找到更滿意的答案。從大學、畢業後第一份工作，接著到美國念書，我都處於迷茫且消極的狀態。畢業後在美國工作期間，我變得積極許多，也利用業餘時間嘗試一些新事物，人也慢慢自信了起來。回國後，憑著在美國收穫的自信，我開始積極地做一些自己感興趣的事情，有了些影響力，儘管還是沒想通活著的意義，但我已擺脫了迷茫且消極的狀態，並努力活得充實快樂。

幾年前，我認識了一位意義非凡的朋友，他是我如今重要的事業夥伴：X先生。與他的交談帶給我許多啓發，讓我開始深入思考事物的本質。他並沒有大我幾歲，但是他的博學及思考深度遠遠超過了同世代的人。有一次，在與X先生的交談中，我忍不住向他問起了生命的意義，心想說不定他能幫我找到答案。然而他的答案是：人的生命原本就沒有意義。他嘗試解釋，但我已完全不記得他說了什麼。也許當時過於驚訝，以至於我根本無心聽完解釋，又或是當時的我還難以理解他所說的。總之，看起來我顯然無法接受X先生的回答，因爲這是我苦苦追尋的質問，怎麼可能沒有意義呢？

二〇一四年春節，我在家閒著無聊，看起了非洲動物的紀錄片。本來只是出於對大洋那頭奇特動物世界的好奇，沒想到卻因此有了意外的收穫。原本可能只是一場娛樂時光，但因爲以色列歷史學家尤瓦爾．赫拉利的《人類簡史》（*A Brief History of Humankind*），改變了我觀看牠們的角度，我發現自己居然能從這些非洲大草原的哺乳動物身上看到人類的影子，甚至還能想像人類行爲的演變。這並非不可思議。事實上，我們的非洲祖先與同在這片大草原上世代繁衍的哺乳動物之間並沒有太大區別。試想，人類文明至今也不過幾千年，這些文明在人類身上的作用遠遠比不上過去幾千萬年進化對我們的影響。也就是說，我們其實和其他非洲哺乳動物一樣，被相同的基因控制著，遵循著共同的規律。

我們總喜歡將某些行爲賦予非凡的意義，但這一切不過存在於人類主觀意識創造出來的想像世界中。大自然沒有情感，也沒有道德觀，它只遵循著自己的法則和規律。我們歌頌母愛，讚美其偉大，但這也只是一種自然界的生存機制，目的是提高基因的複製機率。

當看到哺乳動物奮不顧身保護孩子的場面時，我們會情不自禁地被打動，但其實這就是一種動物的本能，是早已被設定在基因裡的選擇；而同樣的，我們看到動物寶寶被捕獵時會覺得殘忍，也是自然法則：弱肉強食，然後退出基因庫。

基因藉由天擇來進化，個體的死亡則滿足了基因的進化需求。因此從生物層面來看，人類作為一個物種的唯一目的就是生存和繁衍，個體之所以存在，則是為基因的延續和進化服務。

就在那麼一瞬間，我腦海裡閃現出X先生的話：「生命原本就沒有意義。」驚訝地發現自己終於明白了其含義：原來生命真的沒有意義。我過去所有的迷茫，都是因為我曾固執地相信世上存在著一個至高無上、所有人都應該去追求的生命意義。現在，我終於明白這樣的意義其實並不存在。那些我們曾聽過、讀過的生命意義的闡釋，全都是由他人所賦予，即便是文化、宗教和哲學的解讀，也都是一種主觀的信念與選擇。因為生命的意義除了繁衍之外，全都是虛構的，它僅僅存在於我們的想像之中。既然是主觀的，那麼答案就無所謂對錯，更沒有理所當然。就在那麼一瞬間，我感到如釋重負，我的心終於踏實了。

儘管從生物的角度上，人類與非洲大猩猩的差異不大，但從另一個角度來說，人類擁有了獨特的心智。也因此對人類來說，僅僅生存、繁衍是不夠的，我們還必須有活下去的理由。德國哲學家尼采說：「只要有了活下去的理由，幾乎什麼都能忍受。生活有意義，就算在困境中也能甘之如飴；生活無意義，就算在順境中也度日如年。」我對尼采的話深有體會，過去內心的迷茫，正是因為人生中欠缺讓我一想起就興奮不已的生存的理由。

我所經歷的迷茫也反映了一個深刻的矛盾：大自然並未賦予人類生命特殊的意義，人類對於生命的意義卻有股強烈的渴望，而且這股渴望是如此強大，以至於在很大程度上決定了人類的主觀幸福程度，一如正向心理學家所說的：「幸福是關於生命意義的整體感知與體驗。」

人生若無意義，又何談幸福？人類對於生命意義的渴望來自自我意識，對過去的記憶和對未來的感知產生了自我，它賦予人類強大的力量和改變命運的機遇，但同時也帶來了苦痛和挑戰。

爲了活下去，無非要解決一些關於自我的重要問題：我是誰？我想做什麼？我的未來在哪裡？它最直接的表現是對於人生的清晰規畫。人生的目標像是旅途上的地標，人們以此來判斷日常舉措，並爲行動找出合理的解釋。若是能夠清楚明白自己未來的方向，並且每天爲之努力，那麼生活便充滿意義；反之，若對未來感到迷惘，或是察覺目前所做的事對未來毫無助益，生活就可能變得索然無味。

隨著經濟的高速發展和大量中產階級的出現，現代人開始對生命產生困惑。社群媒體成功利用人們的虛榮和欲望達到各自的目的，並把預設的價値觀悄無聲息地植入人們的潛意識，於是我們把財富、身分、地位、好車、好房、享受服務的生活視爲奮鬥目標。

但是，物質帶來快樂的短暫，常會讓人們因精神世界的匱乏而逐漸迷失，其中大多數人企圖向外探求答案，然而無論如何尋找，所見所聞永遠都是別人的答案。

生命的美好就在於每個人的獨特，唯有擺脫外界標準，回歸內心，才能眞正找到屬於自己的人生意義。

明白這一切之後，我就放下了心中多年的大石。人生根本沒有標準，我不用違背意願過著和他人一樣的生活。我唯一要做的，就是全心全意用想要的方式，過屬於自己的生活，無論這是不是大衆眼中所謂的「成功」。

我曾經覺得自己很不幸，因爲我不明白，爲什麼旁人都在感受快樂的時候，我卻在承受著本不應在那年紀承受的痛苦。直至今日我才理解，過去這些年是一場意義非凡的追尋之旅，我所承受的開啓了我的智慧，並讓我自由。

誰奪走了工作的樂趣？

二〇一六年六月三十日，我離職滿一年。毫不誇張地說，這一年是我人生中最充實，也是產出最高的一段時光。這一年的經歷，甚至改變了我對工作的看法。

我曾經與大多數人一樣，認爲工作就意味著被控制、管理，做著不喜歡卻不得不做的事，它讓工作變成了有趣和快樂的對立面。我估計九〇%以上的人會相信，在沒有經濟壓力的情況下，只要能不工作，自己肯定會選擇不工作。我們也常聽人說最大的夢想是盡早實現財務自由，如此一來就無需再工作。在傳統的觀念中，工作彷彿是一件痛苦的、令人討厭的事。然而，眞是如此嗎？

過去一年中，我已經忘記有多少次在鬧鐘響之前，就迫不及待地起床，坐在電腦前，興奮地開啓一天的工作，直到飢餓難耐才去吃早餐。聽起來有點不可思議，但這的的確確發生了。同樣是工作，爲什麼以前去上班感覺像上刑場，而現在卻成爲一件無比開心的事？這種差異得從人類行爲動機的角度來理解。

關於人類行爲動機，早年科學家存在著錯誤的認知。

很長一段時間，科學家認爲人類行爲的驅動力只有兩種：一種是生物性驅動力，即滿足最基本生存需求的動力；另一種是外在驅動力，意即因外在環境刺激（例如獎懲措施）而產生的行爲動力。早年科學家認爲，人類天生懶惰，只擁有滿足最基本需求的動力，如果想要求人類做基本需求之外的事，就必須依賴外在刺激——獎勵或懲罰手段。

然而，這種錯誤的認知卻成爲現代管理學的基礎。在現代管理學中，員工被認爲是懶惰的，只要無人監督，就會偷懶、不認眞工作。也因此在企業中，「胡蘿蔔和棍子」一直被視爲最重要的管理策略，而管理階層存在的一個重要原因，就是爲了更有效地控制各層級員工，也象徵著管理階層對員工普遍的不信任感。如此一來，員工對手上的任務不容易產生共鳴與成就，同時可能變得被動消極。人只有在做自己想做的事時，才會有眞正的愉悅感，這也是大多數人在工作中難以快樂的關鍵原因。

慶幸的是，這種觀點最終得到了糾正。心理學家透過大量的實驗與研究，證明人類還存在第三種驅動力：主動學習、創造更美好世界的動力。科學家認爲人類天生就有發現新奇事物，藉由尋求挑戰來施展才能和獲取新技能的內在傾向。也就是說，在沒有任何激勵的條件下，人也會自主行動，這種行動的驅動力源自於對挑戰和成長的渴望。史丹佛企管教授詹姆斯．柯林斯就曾在《基業長青》（*Built To Last: successful habits of visionary companies*）中寫道：「追求進步的驅動力源自人類一種深沉的衝動，一種探索、創造、發現、成功、改變和改善的衝動。追求進步的驅動力不是枯燥的理性認識，而是深入內心、具強迫性、幾乎與生俱來的原動力。」

當我們發自內心地想做一件事時，這件事本身就是目的，我們去做，不是爲了得到報酬或獎賞，而是在做的過程中能獲得樂趣。例如我們喜歡打電動、運動，不是爲了獲得獎賞，而是我們從中得到挑戰和成就感。同樣的，很多人在業餘時間不求回報地參與一些組織和活動，也是渴求發揮自己的價值，希望藉由行動，讓世界變得更美好。

由此可見，問題的關鍵不在於工作本身，而在於工作背後的動力。我們以爲自己討厭工作，但事實並非如此。事實上，人最快樂的時候並非是無事可做的閒散時光，無所事事會讓人感到乏味和空虛；反而當投注身心到一件喜愛的事時，會讓人擁有高度興奮又無比充實的感覺，這也就是心理學家所說的「心流」[7]。

既然我們天生喜歡挑戰，渴望學習與成長，但爲什麼我們如此厭惡工作？到底是什麼奪走我們本應在工作中獲得的樂趣？

美國暢銷作家丹尼爾．品克在著作《動機，單純的力量》（*Drive: The Surprising Truth About What Motivates Us*）給出了答案，他認為我們在工作中無法獲得快樂最核心的原因

---

7 flow，從事感興趣、具挑戰性，且技術較有清楚架構的活動，樂在其中並全神貫注的心理狀態。

之一，在於我們被剝奪了決定權。根據美國心理學家提出的「自我決定理論」，人類有獨立、自主、尋求歸屬感的內在動機。當此動機被滿足，人們就能取得更多成就感，生活得更充實。

丹尼爾．品克在書中提到，現代經濟正經歷一場巨大的變革，經濟發展的動力從「左腦能力」轉移到「右腦能力」，意即創造力、同理心和全域思維能力變得越發重要。過去「胡蘿蔔和棍子」的管理思維已經行不通了，當工作僅僅被看成一項不得不完成的任務時，員工會缺乏內在動機，潛能與創造力即無法獲得發揮。因此若想有效鼓勵員工，使其最大限度地發揮價值，管理上就必須釋出更大的自主性，讓員工有機會選擇工作內容、時間、方法，甚至團隊。

Google、Facebook、小米等公司都已將大部分的主動權交給了員工。這些公司有著非常扁平的組織架構，在這裡被管理的是專案，而不是人，因為每個人都有強大的自我驅動力和自我管理能力。只要不影響專案合作與進度，員工可以根據需求來決定工作時間和地點。有的公司甚至賦予員工極大的創新空間，鼓勵公司內創業，只要你的想法被證明是有潛力的，就能向公司申請資金，自行組織團隊。

然而，這樣的變革需要很長一段時間。在此之前，我們從工作中獲得樂趣的唯一辦法是主動探索和創造；抑或離職，然後去做自己喜愛又能賺錢的事——聽起來十分理想，也是許多人所渴望的，但未必是當下最合適的選擇，因爲這代表著你需要有明確的自我認知、清晰的商業頭腦、足夠的實力、執行力，以及強大的內心。

因此對大多數人來說，目前更需要思考的並非離職與否，而是如何在工作中獲得更多的自主性。從某種意義上來說，「斜槓青年」所提倡的多職人生就是一種主動尋求讓自己生活得更快樂的方式，它讓我們在保留一份穩定工作的同時，也能去探索不一樣領域的可能性，從而發掘人生的熱情與意義。

美好的人生來自於在工作中享受快樂，是時候去找回那些我們本應在工作中獲得的樂趣了。

現代企業還能生存多久？

提到上班，許多人的腦海中可能會出現這樣的畫面：上下班擠捷運、打卡記考勤、埋首在辦公桌前、無意義的例行事項、控制狂上司、同事間各種內鬥……對於這樣的生活方式，相信每個人都很厭惡，但這似乎是爲了生存不得已的選擇——不上班，怎麼維生呢？

大多數人之所以認爲上班是人生的必須，是因爲混淆了「工作」和「上班」兩種概念。毫無疑問的，工作是我們維生的重要方式，但上班不是，它只是工作的一種形式。

目前爲大多數人所依循的朝九晚五上班族時鐘，是在現代企業成爲市場經濟中最重要的參與者後才出現的，然而現代企業並非自古就存在的生產組織，也不會一直存在。隨著組織型態變革，我們的生活模式也會相應改變，說不定過不了多久，我們就要告別這種朝九晚五的生活了。

最近幾年，這種變化態勢越來越明顯：企業規模變小，存續時間縮短，與此同時優秀人才逐漸外流，個人待在一家公司的時間也越發短暫。許多人相信更有效的新組織模式終將取代現代企業。英國生物學家馬特．瑞德利就在著作《世界，沒你想的那麼糟》（*The Rational Optimist: How Prosperity Evolves*）中提到：「我們或許很快就將生活在後資本主義、後公司的世界了，每個人可以自由即興地聚在一起分享、合作和創新，網際網路將幫助人們在世界各地尋找雇主、員工、客戶和消費者。」

那麼，現代企業究竟還能存活多久？未來的生活方式又會變成什麼模樣？也許從商業本質來思考，能得到更合理的判斷。

商業的本質

假設村裡有兩個人，張三和李四。張三既勤快又能幹，他織一條布需要兩個小時，捕一隻魚需要一小時；李四則相對笨拙一點，他織一條布需要三小時，捕一隻魚需要四小時。如果兩個人都過著自給自足的生活，那麼張三獲得一條布和一隻魚需要三小時，而李四需要七小時。但如果兩人都只專注在自己相對擅長的事會怎樣呢？儘管張三做兩件事花的時間都比李四短，但是捕魚和織布相較之下，張三更擅長捕魚，而李四更擅長織布。張三捕兩隻魚只需要兩小時，李四織兩條布只需要六小時，要是張三拿多的魚交換李四多的布，那麼兩個人不僅能同時獲得布和魚，還能各自多出一小時的閒暇時間。

以上的故事來自英國經濟學家大衛．李嘉圖提出的「比較優勢理論」，只不過李嘉圖是從國家交換（貿易）的角度，而這個故事則是從人與人交換的角度來看比較優勢。然而無論是人與人的交換還是國家與國家的交換，本質上都是一樣的。如果我們把張三和李四的故事拓展到更多人身上，讓每個人都專注於自己相對擅長的事，並藉由與他人交換獲得所需物品，那麼每個人只需做好一件事情，就能獲得所有的生活必需品和更多閒暇時間。因此，相較於自給自足的生活，分工和交換能夠讓每個人的生活都變得更好。

然而問題出來了，隨著分工的細化和參與交換人數的增加，情況將變得更爲複雜，我們很難透過直接交換，而是需經歷多次中間交換才能得到想要的物品。在這種情況下，一種更優化的機制必然會通過變革而出現，這個機制就是市場。市場的核心作用是調配社會資源以解決生產和交換的問題，市場不僅讓交換以合理有效的方式進行，並經由回饋和調節機制讓供需達到平衡，使所有資源得到合理配置。

不過，若欲使市場發揮其主要功能，除了生產者和消費者之外，需要幾個關鍵媒介，即貨幣、價格和經銷商。從交換的角度來看，貨幣不過是一種交換媒介。如果沒有貨幣，我們只能在有限的時間和地域內以物易物，貨幣的出現則使得交換能跨越時空的限制：將生產的商品變成貨幣，再用貨幣去交換另一個國家生產的商品。價格則是商品內在價值的外在體現，取決於生產成本和市場需求，生產成本越高，價格就越高，當需求高於供給時，價格也會上升。

價格是實現資源調配的一種重要手段，反映了供需關係的變化。當商品價格上升時，就得生產更多的商品來滿足市場需求；而當價格接近生產成本時，生產者就可能停止生產該商品。另外，經銷商也是市場不可或缺的角色，它不是商品的生產者，也不是消費者，但它的存在能讓商品從生產者流通到消費者手中。

商業的本質其實就是交換，而所謂的商品，指的就是那些用於交換的勞動下產物。例如當張三捕捉了自己需求之外的第二條魚時，這條魚就成了商品，而當他用這條魚去交換李四織的布時，就是一種商業活動。只不過隨著交換規模的擴大，商業也更趨複雜，由簡單的以物易物變成在市場才能完成交換。如果不是商業，我們至今還停留在自給自足的生活方式，絕不可能每週只需要工作四十個小時（儘管有可能更多），就能享受如此豐富的物質和精神生活。商業是人類文明的基石，甚至可以毫不誇張地說，社會分工越細、交換越頻繁，那麼物質文明就越豐富，經濟也越繁榮。

從現代企業到聯盟世代

儘管商業的本質從未改變，但是它的實現形式一直在演化。從最早的以物易物到現在的網路交易，它在形式上的轉變直接影響了我們的生活方式。

十八世紀的工業革命帶來了商業的大變革：機器取代人工，大多數農民放棄了自給自足的生活，而不少個體戶如工匠因失去競爭優勢而被迫去工廠上工，再去市場購買所需的商品。工業革命之後，企業逐漸成爲主要的商業組織形式，爲市場提供商品和服務。十八世紀的企業主要是工廠制，主要特色是：通過使用大型機器和雇用工人來實行大規模的集中勞動；十九至二十世紀初，隨著生產規模擴大、競爭加劇，企業開始建立科學化管理制度，衍生出一系列科學管理理論，而經營權與所有權的分離則使管理階層於焉而生，企業體制漸趨成熟，成爲現代企業。

現代企業形塑了現代生活方式：每週工作五天、朝九晚五的部門專職工作、每月領取固定工資。儘管這種生活方式常爲人們詬病，但當我們回頭看整個人類歷史就會發現，這已經是大多數人所能擁有最好的生活方式了。然而，商業形式和組織演化不會就此停止，人們也不會永遠朝九晚五地生活下去。

按現代經濟學理論，企業本質上不過是一種資源配置的機制，它按照一定的組織和管理方式實現社會經濟資源的優化配置，並降低社會的「交易成本」。儘管企業本身存在著管理成本，但只要低於交易成本，企業就有存在的價值。不過，科技和網際網路的迅速發展同時使得交易成本不斷降低。當交易成本滑落到低於管理成本時，現代企業就會失去優勢。

如今一些企業已開始積極變革，例如藉由去中階主管化、扁平化、專案制等方式來提升靈活度，並藉由模糊職權界線、彈性工作制、增加自主權來降低管理成本，同時提升員工的積極度。

不過無論企業如何改革，都無法改變越來越多人才將擺脫雇傭制的趨勢。在這種變動下，只有一種方式能讓企業和人才之間建立聯繫，就是「聯盟」。「聯盟」是LinkedIn聯合創辦人雷德・霍夫曼在《聯盟世代》一書中提出的概念，它指的是企業與員工的關係將從雇傭關係轉爲互惠互利的相互投資關係。人才與企業結合的目的不是爲企業服務，而是通過企業來自我實現，因此彼此之間僅僅是臨時的利益結盟。

我相信這種聯盟的方式不僅會發生在企業與人才之間，也會發生在人才與人才之間：擁有不同技能和專業背景的人，爲了實現共同的商業目標和利益，組成臨時團隊，當利益實現後，團隊即可解散，所有成員再根據意願參與其他專案。

我目前在進行的教育平台，就是一場關於這種新型工作模式和組織的實驗。在這場實驗中，我們沒有員工，只有事業夥伴；沒有雇傭，只有合作；沒有固定工資，只有利潤分紅。獨立的專業人士因共同的理念、興趣和利益走在一起，發揮彼此專長，攜手完成目標，共同分享利潤。其中的參與者，很多都屬於擁有多重職業的斜槓青年，他們不受雇於任何商業團體，而是充分利用時間，參與多種專案，發揮自身價值。與此同時，他們也因爲可自由掌控時間，達成了工作與生活的完美平衡。

現代企業轉變成聯盟是一個持續的過程，過程中將有越來越多的優秀人才脫離企業，以合作夥伴的身分與個人或企業自由結盟。

企業的終結

企業最終會消失嗎？當然，只要時間尺度放得夠大。不過，我猜測最有可能成爲企業終結者的是人工智慧。

如果說網際網路主要顚覆了組織和交換方式，那麼人工智慧顚覆的將是生產方式。毫無疑問，人工智慧的發展必然將人類從枯燥的生產活動中解放。如果有一天智慧型機器人成爲世界的主要生產者，那麼人類說不定將不再投入太多時間生產，只需扮演消費者的角色。若眞是如此，那麼每個人將過著怎樣的生活呢？我們不再只是工作的機器，而有可能成爲一個更完整的人？我們能擁有豐富的精神世界，以及眞正屬於自己的生活？人類的終極生活方式會是什麼呢？

無論未來如何變化，我仍抱持樂觀的態度，當重複、枯燥、無趣的工作逐漸消失，工作方式一定會更加人性化，人們將擁有更多的自主權和更平衡的生活，而讓生活更多元、充實，將是人們最重要的人生追求。

從紐約颳起的「斜槓青年」風

《紐約時報》專欄作家瑪希・艾波赫在其著作中描述了紐約的一個現象：在紐約很多人都不只擁有一種職業，每當遇到「你是做什麼的」之類的問題時，他們並不能像其他人那樣用一個完整的詞來介紹自己，而是選擇用「斜槓：／」來區分不同的身分，於是她為這些人創造了一個名詞：斜槓青年。在書中，艾波赫舉出許多真實案例，例如：

桑賈伊・古普塔，神經外科醫生／CNN記者

卡麗・萊恩，藝術顧問／皮拉提斯教練

丹・米爾斯坦，工程師／戲劇導演

羅德・霍夫曼，諾貝爾化學獎得主／詩人／劇作家

羅伯特・蔡爾茲，心理治療師／小提琴工藝家

她把這種現象稱為「斜槓現象」，亦即越來越多的人使用與愛好和業餘生活相關的身分，而不僅僅是以工作中的職位來定義自己。工作只告訴他人你是做什麼職業、靠什麼維

持生計；而工作外的身分則體現了你是誰、喜歡什麼、有何特別之處。

艾波赫認爲用這種方式能讓一個人變得更加有趣、完整和立體，而且相比於傳統的單一職業，多重職業的生活讓人更滿足，保持收入的同時還能追求和發展更多的自我。

關於斜槓青年，很多人存在著誤解。

有人以爲斜槓青年就是擁有幾份兼職；有人則把它等同於沒有穩定收入的自由職業；我甚至還聽過類似「多一個兼職會不會忙不過來？」「斜槓青年會不會影響本業？」「如何保障收入來源？」的問題。

儘管在那些大家所熟知的斜槓青年故事中，主角似乎都因爲多重職業而擁有了多重收入，然而成爲斜槓青年的目的並不是爲了擁有額外收入，甚至也不是爲了能夠自由支配時間，而是爲了追求更豐富的人生和更完整的自己。

即便你有固定的工作，即便有些身分並不能給你帶來收入，這些都不影響你成爲斜槓青年。事實上，艾波赫就有一份固定的工作，她是美國一家非營利組織的副總裁，但這並不影響她成爲斜槓青年，因爲她還同時擁有作家、演說家和人生教練等其他身分。而今年因中篇小說《北京折疊》而獲得第七十四屆雨果獎的郝景芳，也是一位擁有固定工作的業餘作家。

斜槓青年的思考

某天，我去參加一位朋友的生日聚會，朋友介紹我認識他的另一位朋友，當這位新朋友問起我的職業，我很自豪地告訴他自己是斜槓青年，並特地解釋了它的意涵。然而，令我大吃一驚的是，他一本正經地對我說：「一個人只能成爲一個領域的專家，因爲我們無法同時做好那麼多事。」聽到這裡，我只能禮貌地點頭微笑，然後默默走開。

這樣的人在生活中並不少見，他們喜歡用固有的思維與信念來判斷所有事物，但問題是，信念是有力量的，它能夠影響人的行爲，狹隘的信念很可能會限制一個人的發展和成長：如果有人認爲一輩子只能把一件事情做好，那麼他就不會開始其他的嘗試；但如果他相信人有多重潛能，人生也可以有其他可能，那麼他就會選擇體驗與嘗試不同的事，讓自己成爲更多面向的人。不同的信念會導致不同的選擇，不同的選擇構成了不同的人生。

然而人的信念是難以動搖的，所以對於堅信「只能專注做一件事」的人，我並無意去改變他們的想法，但對於思想開放、渴望不同生活的人來說，斜槓青年是一種新的啓發，能讓人們看到不一樣的理念與生活方式，並鼓勵人們在人生中開創出更多可能。

艾波赫在著作出版後，收到了世界各地讀者的來信，許多讀者因爲書中的故事而深受啓發，他們突然意識到，做喜愛的事與賺錢並不衝突，夢想與工作也並非無法並肩而行。於是很多人重拾了過去的夢想，或者深入發展既有的愛好，讓生活慢慢走向自己想要的面貌。

事實上，我身邊也有很多類似的例子：一些朋友受斜槓青年概念的影響，利用各種優勢與特長，過上了一種全新的、更自主的生活；還有一些朋友利用業餘時間培養新的興趣，例如插花、繪畫、鋼管舞、瑜伽、廣播主持等等……即使這些愛好目前還無法成爲穩定收入來源，但可以確定的是，他們因此更快樂和自信了。

斜槓青年是一種策略

過去我們在考量職涯時，基本只有一種策略：縱向單一發展。根據自身優勢決定職業，再一步步往上爬。然而斜槓青年帶來了一種截然不同的策略：橫向多元發展，也就是根據自身優勢與愛好發展多種領域，並獲得多重收入。

在我看來，橫向多元發展是一種更適合未來生活方式的自我發展策略。它能適度結合愛好與工作，不僅平衡生活，也提升了個人發展的靈活度，收入也更有保障。

然而斜槓青年並非一蹴可幾。如同傳統的生涯規畫，斜槓青年的發展同樣需要審愼規畫和全心投入，你必須思考爲了達到某個職業要求，要做哪些自我投資。艾波赫根據許多的案例與讀者回饋，將斜槓青年總結爲左列五種：

① 穩定收入＋興趣愛好組合

這種模式比較適合還在興趣愛好探索階段，或興趣愛好的收入不足以支撐生活的人。

② 左腦＋右腦組合

這是一種理性與創造性思維共同發展的模式，例如前文提到的工程師兼戲劇導演丹·米爾斯坦就是這種類型。理性與藝術是非常好的互補，可以帶給人們更開闊的思維。

③ 大腦＋身體組合

這種模式能夠讓人在腦力勞動和體力勞動中相互切換，確保身心健康和生活的平衡，例如卡麗·萊恩，她的雙重身分包括藝術顧問和皮拉提斯教練。對於腦力工作者而言，如果能同時發展出體力勞動的職業，是個挺不錯的選擇，我自己就在業餘時間教爵士舞，同時也是CrossFit（混合健身）一級教練。

④寫作＋教學＋演講＋顧問組合

這可說是一個黃金組合，也是艾波赫自己的斜槓模式。這四種身分間可以形成完美的迴圈：寫作讓你成為某個領域的意見領袖，演講邀約也隨之出現，等到累積足夠經驗之後又能開展教學和顧問領域。這條斜槓青年發展之路適合知識型人才。

⑤一項工作多項職能型

事實上，你不必擁有多種職業就能成為「斜槓青年」。也許你只有一種職業，但它要求你須具備全方位能力，並涉及不同領域，那麼你也是斜槓青年。所有的CEO都符合這個標準，不過這樣的角色在企業中將會越來越多。

斜槓青年實際上可被視爲一種全新的人生理念和個人發展策略，它強調的是人生多面向的平衡，以及個體潛能的探索，同時鼓勵我們將工作、生活和愛好進行適度結合，最終帶給我們的不只是額外的收入，而是更充足圓滿的人生。

金錢與快樂，如何兼得？

每每聽到「自由」一詞，許多人就會不由自主地聯想起「窮」這回事。在許多人眼中，自由的代價似乎往往得伴隨財務上的犧牲，因此不論看待過去所謂的自由業，抑或現在的斜槓青年，人們的態度始終如一——儘管那樣的生活聽起來更快樂，但是爲了賺錢養家，留在公司才是最好的選擇。

不得不承認，即便在數年前，個人離開企業這個平台之後，並不容易獲得很好的發展機會。然而時代發展得實在太快了，不過幾年，規則就發生了翻天覆地的改變，企業面臨的挑戰日益嚴峻，與此同時，個人的機會卻在不斷增加。

第一次意識到「時代的快速發展正在改變現有規則」來自兩年前發生的一件事。當時，公司臨時安排我負責品牌和市場事務。爲了補足自己對品牌和市場所欠缺的資訊，我特地規畫了一場研習會，並邀請在國外經驗豐富的某公司品牌總監來分享。研習會上，與會者根據自身經驗分享許多打造品牌的實用知識，但當大家紛紛提出目前各自在推廣上遇到的困惑時，我吃驚地發現，即便是有著豐富經歷的從業者，也和我們一樣，爲同樣的問題而苦惱著。

這實在出乎我的意料，卻給了我很大的啓發。在這之前，每當遇到工作上的困惑，我總期望從前輩身上獲得提點，然而這件事讓我意識到，經驗的價值正在下降，市場規則正隨著技術的進步、傳播方式的改變，以及消費者的意識和行爲轉變而發生改變，過去的行銷和傳播手段都不適用了，可以說，我們已經走入了一個全新的時代，同時是一個陌生的世界，必須不斷探索和嘗試來理解新世界的規則。

經驗眞的已經沒有我們想像的那麼重要了。這在許多「高薪聘請業內資深人士，卻發現並未帶來預期成效」的職場案例中也得到印證。這意味著，比起青澀的職場新人，所謂的職場菁英不見得占足絕對的優勢；也意味著，對於沒有太多社會資源、名校學歷或豐富經驗，卻有熱情、實力、敢拚敢闖的普通人來說，這是最好不過的時代了。只要你有前瞻性的眼光，能把握時代的脈搏和趨勢、及時發現市場新的需求和機會，資源就會向你湧來。更振奮人心的是，這些現象在在表明，個人的成功將不再依附於企業才可能獲得，而是由市場直接決定。

「人」才是核心價值

一九八三年，美國加州大學教授保羅．羅默提出了「新經濟增長理論」，他認爲知識是一個重要的生產要素，而知識經濟將成爲二十一世紀的主導經濟型態。的確，知識和科技已是經濟增長的主要源泉，但與此同時，人的重要性也越發凸顯。在工業資本經濟時代，資金曾是最重要的生產要素，只要有大量資金就能購買土地和工廠，雇用大量工人，透過規模效益獲得巨大利潤。這些企業培養出一大批優秀的職業經理人，他們是那個時代的菁英，以專業爲企業服務，創造了巨大的價值。然而，那個時代已經一去不復返，資金不再等於一切，人才才是締造價值的核心。

矽谷崛起使老牌的全球五百強企業黯然失色，世界的鎂光燈迅速籠罩在那些充滿活力的科技公司，Google和蘋果電腦的成功更大大提升了工程師和設計師的地位，於是那些在學生時代最不受歡迎的宅宅們登上了歷史舞台，成爲各大科技和網路公司爭相搶奪的人才。

我們需意識到的是，當網際網路的基礎搭建完成後，當所有可相連的「點」都以各種方式聯接在一起之後，拚內容和創意的時代即將來臨了。

技術只是爲了服務基礎建設，提高交易品質，最終締造價值的，是一群產出高品質內容和創造符合需求產品及服務的人。

媒體去中心化，人人都是自媒體

新時代的一個最關鍵變化就是：媒體的去中心化。以微博、臉書、ＩＧ、微信公衆號爲代表的新媒體出現，徹底打破了傳統內容和資訊的產生及傳播方式。如今幾乎每個人都能藉由這些社群平台發表言論。據騰訊統計，目前註冊的微信公衆號就多達八百萬個。

去中心化的新媒體時代有利有弊。它的好處在於降低了內容創作和散布門檻，給了一般人在自媒體表達自我、吸引粉絲，甚至獲取商業利益的機會，也讓一些小衆媒體取得更多的生存空間，爲大衆提供更多元的內容。

然而「人人都是自媒體」的弊端也是顯而易見的，資訊自由同時也意味著資訊氾濫，與傳統媒體相比，新媒體的內容生產過程有時不夠嚴謹，導致偏頗的言論及假新聞氾濫，加上資訊過於分散而導致了更嚴重的資訊不對稱結果。

無論如何，媒體去中心化的趨勢是無法逆轉的，於是可以預見的是，資訊的氾濫將使優質的原創內容尤顯珍貴，而伴隨著大衆對優質資訊的熱切需求，各類自媒體也必須持續提升內容的專業和品質。即便未來人人都能成爲自媒體，但最終脫穎而出的，必定是那些擁有原創能力、嚴格把關內容品質的專家和團隊。

知識與技能就是商品

二〇一二年年底，網路出現了一個叫《羅輯思維》的脫口秀節目，上線不久，節目點擊量成倍增長，吸引了大量粉絲與訂閱者，成爲一個現象級產品。《羅輯思維》的風行掀起了社會對知識的渴望和崇拜，知識型社群如雨後春筍，知識躍爲一種大衆消費商品。兩年後，《羅輯思維》又推出名爲「得到」的APP。他們將自身定位爲「知識服務商」，把大量優秀的知識擁有者推到螢幕前，並從中分得利潤。

二〇一五年，泛科技主題的果殼網開創性地推出了一款專注於知識與技能分享的APP，叫「在行」，「在行」的用戶可由此尋得各行各業的菁英，還可以付費與行家會面獲取更多知識分享。「在行」一推出便大受歡迎，許多用戶都願意花上幾百甚至上千人民幣的代價和行家見面，這在過去是無法想像的。這個現象恰恰說明了市場已經成熟到願意爲有價值的知識付費。

二〇一六年，果殼網又推出了一款名爲「分答」的付費問答產品，以語音問答的方式交易知識。「分答」的成功遠遠超過了「在行」，據果殼網CEO姬十三透露，「分答」僅上線四十三天，便擁有了一百萬名付費用戶，總交易額超過一千八百萬人民幣。在此之後，類似的知識付費產品相繼出現。

《羅輯思維》和「分答」的巨大成功意味著知識不再是廉價和免費的，保護智慧財產權的意識逐漸深入人心，知識成了標價的商品。這是一個新興的市場，有巨大的需求等著被填補，伴隨著知識服務行業的興盛，將吸引更多有志於此的知識型人才加入戰局。

你不能不知道的共享經濟

二〇一五年，中國服務業占經濟的比重首次超過五〇%，而且這個比重還會持續增加，逐漸達到已開發國家水準。這意味著未來將有大量人才湧入以教育、健康、娛樂、文化、藝術、旅遊爲主軸的服務業。服務業交換的多爲個人技能、知識和時間，不存在大規模生產，沒有很長的產業鏈，也不需大規模合作，多數情況下，個人甚至就能成爲一個獨立的服務提供者。

提到共享經濟，許多人可能會先想到Airbnb和Uber。Uber自二〇〇九年成立以來，以一個顚覆者的角色掀起革命；Airbnb則在旅館業異軍突起，不僅對傳統飯店產業構成巨大威脅，還成爲一種新的旅行文化。

Airbnb和Uber的成功帶動了共享經濟的流行，它的本質是通過整合線下的服務者，使其在特定時間內藉由讓渡物品的使用權或提供服務，來獲得一定的金錢回報。共享經濟已逐漸成爲影響全球發展的網路新力量，而共享內容也從閒置的空間和物品，延伸至閒置的時間和技能。根據研究顯示，二〇一四年全球共享經濟市場規模已躍居各行業經濟第五名，約一百五十億美元，預計到二〇二五年將大幅躍進至三千三百五十億美元。

自由職業市場的崛起

共享經濟和自媒體的風行使得自由職業大量興起。儘管當中例如教練、攝影師、插畫家、設計師、心理諮商師、生涯規畫師等許多職業都能獨立執業，但由於過去缺乏有效的行銷管道，他們只能依附於機構面對客戶。如今，共享經濟打破了這層屏障，他們可藉由共享經濟平台直接向客戶提供服務或產品，而很多自由職業者也透過社群擁有穩定的客戶。與此同時，興趣也慢慢變成了一種謀生手段，不少人更成功地把興趣和愛好變成了自己的事業。

過去，大多數人對工作的期望是進入一家大企業，以此得到穩定的收入和不錯的福利。但在未來十年內，這種現狀很可能被打破。資料顯示，社群網路的高滲透率已使得美國自由職業者突破五千萬人，占總工作人口的三四%。根據研究顯示，全世界預計將在二〇五〇年有多達五〇%的人口成爲自由職業者。相較之下，朝九晚五的上班族將越來越少。

我相信去仲介化和去機構化是未來的一個重要趨勢。商業的本質就是交換，如果我們可以繞過機構直接交易，爲彼此提供更客製化的商品和服務時，那麼機構的重要性便會逐步下滑。說不定在不久的將來，會出現一個「人人服務人人」的世界。

「只是活著」還不夠，「怎麼活」更重要

對過去一代人來說，生存是人生第一大事，人生所有的努力都是爲了家庭與孩子；然而對新一代人來說，生活本身及品質才是人生的重點，僅僅「活著」是不夠的，「怎麼活」更重要。

這種價值觀的轉變將導致消費觀念和需求的巨大轉變。於是，消費升級和體驗式經濟等概念應運而生。新一代消費者更注重精神上的追求，在服務和生活體驗上的消費比例也會不斷增加。對商業來說，產品設計、視覺呈現、情感聯結和用戶體驗的重要性大幅提升。這爲設計、藝術和文創類人才提供大量機會，也爲兼具個性與品質的小衆品牌提供生存空間。

過去一、兩年，我親眼見證了身邊幾個朋友的離職、成長與發展，他們用事實證明，

市場對於才華的「獎賞」遠遠超過企業。如果說「自由」和「賺錢」曾是一種矛盾的對立，那麼這種矛盾正在逐漸消除。多年前，當有人選擇離開一份穩定的工作時，我們會感到詫異和不解；而如今，脫離企業選擇自由和獨立不僅已爲年輕人所接受，甚至還成了一種實力的展現。企業已不再是穩定的象徵，具備個人能力與否，才是維持收入的保障。

你可以不只是上班族

二〇一六年年初，我按計畫完成了一項重要的年度目標：拿到CrossFit一級教練證。我做這件事的目的很簡單：健身是生活極其重要的一部分，有了專業知識，我就不需再依賴教練，而可藉由自我訓練，掌控自己的健康。有人聽說我考教練證就只為了當自己的教練時，疑惑地問我：「這樣會不會太浪費了？」

好吧，讓我用一筆簡單的算術來回答這個問題：假設教練費兩百人民幣（次），我平均每週健身一次，一年五十二週來算的話，那麼一整年的教練費就是一萬零四百元，而我考教練證的費用才六千，所以儘管表面上我花了不少錢考教練證，但其實這種方式反而為我省下一大筆錢。另一方面，若我拿到教練證之後去當教練，每小時我能賺兩百元，但如果我把這些時間用來做其他事，每小時收益將遠遠超過兩百元，亦即這兩百元的收益背後其實有著很高的機會成本。

這麼分析起來，真實的情況與大多數人的理解恰好相反：考教練證要花錢，但可以理解為一種投資，因為能減少未來的支出；當教練反而是一種浪費，因為用同樣的時間，我可以獲得更高的收入。

面對每小時兩百元的教練費，爲什麼會有兩種截然不同的反應？這其實來自兩種思維：工薪者思維和創業者思維。無論是誰，每天被賦予的時間都是相同的，如何利用它，決定了我們過著怎樣的生活。

典型的工薪者思維就是「以時間換錢」，擁有這種思維的人嚴格遵守人力市場的遊戲規則，將自己的時間和技能出售給雇主，經由累積經歷等方式提升自己的市場價格。

擁有創業者思維的人並不將自己視爲人力市場的「商品」，而是把自己看作一家「企業」。商品是用來出售的，而企業的作用在於整合資源來創造價值。擁有創業者思維的人很少把精力花在提高自身價格和尋求合適的雇主上，而是把時間看成自己的「原始資本」，他們思考的是如何用最少的時間，創造最大的價值和更多的收入。在這個價值最大化的過程中，他們有個至關重要的工具：槓桿。

提到槓桿，會讓人想起古希臘數學家阿基米德的名言：「給我一個支點，我可以舉起整個地球。」這可以說是對槓桿威力最直白的描述。槓桿的英語字根是「lever」，意爲「減輕」，也就是說，使用槓桿可以讓重物減輕，以至我們只需花費很小的力氣就能輕鬆地移動重物。當我們將槓桿原理應用在時間，也會發生類似的情況：只需花費很少的時間，就能收穫幾倍甚至是幾十倍的結果。當然這並不會像變魔術一樣無中生有，一樣需要槓桿：他人的能力，我們藉由支配他人，在有限時間內完成更多工作；技術則是另一個重要的槓桿，幫助我們有效節省更多的時間。

擺脫工薪者思維的關鍵，在於拒絕將自己看成人力市場的「商品」，而是把自己想像成一家「公司」，時間是公司最重要的資本，槓桿則是能提高投資收入的工具。由此思路出發，我們不僅能更有效地利用時間，並以最少的時間來獲得最多產出。

個人公司化是一種適應未來的思維，因爲未來公司的規模會越來越小、存續時間越來越短，人與人的直接結盟很可能會成爲公司之外的另一種重要商業形式。因此我們需要從現在開始就訓練自己從「工薪者思維」升級至「創業者思維」，並學習透過以下方式，更有效地使用槓桿來達成高效產出。

你想管理他人，還是領導他人？

調動他人之力來幫助自己完成任務，是最常見的槓桿工具。獲得這種權力的方式有兩種：雇傭或激勵。前者是一種管理，後者則意味著領導。

我們經常將領導者和管理者混爲一談，儘管領導力是成爲優秀管理者的必要條件，但兩者之間並不能完全劃上等號，因爲不是所有的管理者都有優秀的領導力；而一個擁有領導力的人也不一定處在管理者的位置。管理者擁有的管理和決策權須被更高權威所賦予，而領導者的權力則是因其個人魅力受追隨者所賦予。

如果我們沒有雇人的資本，也非管理職，那麼想讓他人成爲自己槓桿的唯一途徑，就是成爲一個魅力人格體。領導者意味著衆人願意追隨，甚至是想成爲的人，這就將我們帶回《莊子》「內聖外王」的哲學：當我們成爲一個擁有學識、胸懷和遠見的人，不僅能嚴於律己，還能時刻激勵和啓發他人時，自然會有越來越多的追隨者，並有能力調動更多力量，去完成原本只能靠自己完成的任務。

80／20法則

一八九七年，義大利經濟學家帕列托從十九世紀英國人財富和收益模式的取樣中，發現大部分的財富流向了少數人手中，他從早期資料及大量事例中發現，這在數學上呈現出一種穩定關係，意即社會上二〇％的人占有八〇％的社會財富。慢慢的，人們也發現生活中存在著許多不平衡的現象，「80／20法則」成爲這種不平衡關係的代稱。如果仔細觀察會發現，無論是經濟社會活動還是日常生活，無不呈現出「80／20法則」的現象：二〇％的強勢品牌占有八〇％的市場份額；二〇％的產品和二〇％的顧客承擔了企業約八〇％的營業額；二〇％的人產生了八〇％的效益。

「80／20法則」的意義在於啓發我們發現某種關係的起因，學會避免將時間和精力花費在瑣事上。把握起因，將八〇％的資源花在能產出關鍵效益的二〇％上，那麼我們就有可能做到以二〇％的投入獲得八〇％的產出。

「80／20法則」是一種普遍原則，可以說沒有任何一種活動不受「80／20法則」的影響。在生活和工作中，我們都應該牢記這個法則，每次制定計畫、執行策略時，都要不斷自問影響結果的關鍵因素是什麼，並將主要精力集中在那些影響八〇％結果的二〇％的因素上。

複製的威力

在工作和生活中，有很多事須不斷重複進行，例如整理打掃、購物、制定計畫、開會報告等等，這些事的共同特點是：依循固定的流程或模式。但事實上，我們每次都會在執行之前才開始臨時思考流程，難免會耗費不必要的精力和時間。其實任何重複性勞動都可以SOP或範本來執行和管理，以省下大量時間。因此，當我們在執行任何有一定流程的任務之前，最好能事先思考未來是否需重複此任務，如果答案是肯定的，那麼就要在第一次執行時就立下SOP或範本，並在執行過程中不斷完善。

制定ＳＯＰ或範本能提高重複性勞動的效率，也是複製的關鍵，可在確保品質的前提下，將人力的槓桿效果極大化。對此，我在CrossFit的教練課程中深有體會。

CrossFit僅僅用了十五年，就從一家新成立的公司躍居世界級品牌，並吸引了無數的健身愛好者，其中一個重要原因在於它有一套標準化的複製模式。CrossFit有著一套完善卻相對複雜的理論和訓練體系，想要快速擴展，就必須先解決一個關鍵瓶頸：如何在確保品質的同時迅速擴大教練團隊。它的解決方案就是標準化的教練課程和考核認證體系。

CrossFit首先設計、制定了統一的教練訓練內容和教學流程，然後由教練根據詳細的教學標準來嚴格完成。通過這種方式，CrossFit大大降低了對教練個人能力和經驗的依賴，因爲只要教練按照流程一步步執行，就能確保毫無偏差地完成所有教學任務。這讓CrossFit能夠每週末在全球二十座城市同步進行教練課程，完美達成了維持品質同時迅速擴大教練團隊的目標。

規則須爲目標服務

這個世上，規則無處不在，然而對於規則，「工薪者」和「創業者」也有著截然不同的理解。「工薪者」把規則看成理所當然，他們以嚴格遵守規則爲榮；而「創業者」明白規則是爲目標服務，它們不僅可以被打破，而且需要經常打破，因爲環境一直在變，環境變了，規則就需要跟著變。

實際上，規則是另一個強大的槓桿。任何組織或系統的運行都離不開規則，然而規則也有優劣之分：好的規則符合人性，在組織內部形成良好的互動與運作，同時朝更好的方向自行發展，不需太多的人爲干預；不好的規則會引起一系列的惡性循環，不僅需大量的人爲控制和干預，也很可能無法達到預期成效。

寫到這裡，我不得不提起保險和直銷業。儘管這兩個行業一直都不受大衆青睞，但不可否認的是，它們的遊戲規則充分利用了人性，激勵他們爲個人利益奮鬥的同時，也讓整個組織常盛不衰。

從「工薪者思維」升級「創業者思維」的另一個關鍵就是：超越規則，只有爲目標服務，建立符合環境與人性的規則，才能眞正發揮規則的槓桿作用。

這樣賺錢，最有尊嚴

富翁在海濱度假，見到垂釣的漁夫。富翁說，我告訴你如何成為富翁和享受生活的眞諦。漁夫表示洗耳恭聽。富翁說，首先你需要借錢買艘船出海打魚，賺了錢之後雇幾個幫手增加漁獲，才能增加利潤。之後呢？漁夫問。之後買大船，打更多的魚，賺更多的錢。再之後呢？再買幾艘船，開一間漁業公司，再投資水產加工廠。然後呢？把公司上市，用賺來的錢投資房地產，如此一來，就能和我一樣，成爲億萬富翁了。成爲億萬富翁之後呢？漁夫好像對此一成果沒有足夠的認識。富翁略一沉吟說，成爲億萬富翁，就可以像我一樣到海濱度假，做日光浴，釣釣魚，享受生活。噢，原來如此。漁夫想了想說，我現在的生活不就是如此嗎？

很多人都應該聽過這個故事，寓意是在嘲諷富翁，一輩子辛苦掙錢，最後只過上了漁夫每天在過的生活。這則寓言，聽起來似乎有道理，卻隱藏著對金錢嚴重的認知偏見。

儘管在那一天，富翁和漁夫享受著同樣的生活，但對富翁來說，這不過是他人生中的一天而已，明天他也許飛去瑞士滑雪，後天去峇里島潛水，再過幾天他還可以飛去日本泡溫泉、吃懷石料理。你看出來了嗎？僅僅依靠人生中很小的片段來判斷整個人生的價值是危險的。富翁和漁夫之間的差別就在於，富翁擁有「選擇」的權利，也使得他的人生擁有了更多的可能性。

此外，寓言假定賺錢的唯一目的是爲了享受，若最後的結果是一樣的，那麼過程也就無足輕重。這是典型以結果爲導向的價值觀，忽視了過程帶來的價值。且不說創業的過程將帶給富翁哪些獨特體驗和人生智慧，它必定幫助了他培養敏捷的思維能力、成熟的價值觀、堅強的意志力和優秀的領導力，如此也表示富翁充分利用了作爲「人」所特有的潛能。

最後，寓言也忽略了一個問題，那就是財富創造的過程，其實是一個爲社會創造價值的過程。公司的存在讓很多人合作，提高效率和產量，讓更多人能以更便宜的價格買魚，而這些額外的收入和利潤就是創造價值後的其中一個結果。

寓言反映了社會對金錢和商人的偏見，甚至與道德綁在一起。這種偏見也曾深深地烙印在我心裡，潛意識中，我對從商抱著消極的看法，認爲做這行並非值得驕傲的事。這種思維導致我一直把自己綁在傳統的上班族位置，並且因爲這種依賴而缺乏自由和安全感。儘管回國以後，我就開始利用業餘時間從事各種活動，成功創辦了兩個社團，卻總是一些不賺錢的事。這讓我很苦惱，我意識到自己必須解開內心的結，才有可能告別仰仗工資的生活。

直到了解貨幣的起源之後，我終於理解了金錢的本質。

事實上，貨幣只是個單純的媒介，貨幣的出現使市場有了統一的價值評判體系。我們可以把手中的貨幣理解成一個投票系統，你用購買的方式告訴市場你需要什麼，市場收到資訊後，讓現有的資源得到合理的分配和利用，以滿足消費者的需求。

如果有人願意爲你的商品或服務付費，說明你創造了一種價值。收益是對所創造價值的肯定，有了利潤，整個價值創造鏈才可能繼續滿足更多人的需求；倘若商品賣不掉，只說明了你所從事的對別人沒有意義，是一種資源浪費。

市場中的每一次消費都是一場投票，決定了資源該如何配置。沒有貨幣的參與，那麼這種資源配置機制就會被打破，我們也就無從判斷自己在做的事是否有意義。

///

TED上有一個讓我印象深刻的影片「差生的成功之路」。演講者卡麥隆．赫羅爾德出生在一個企業家族，父親從小就培養他的企業家精神，因此他從七歲起就開始做小生意，從未間斷。他在還年輕時就有了自己的股票經紀人，並完全依靠自己支付大學學費，最終成爲列名富比士富豪榜上的一位成功企業家。在赫羅爾德看來，學校應該鼓勵那些從小就展現企業家精神的孩子致力追求企業家的夢想，而不是把他們培養成律師、醫生或會計師。他認為企業家是這樣的一群人：一旦有想法和熱情，或看到世界的需求，就會**挺身而出**，開始行動，並想盡一切辦法來實現想法，同時吸引和他們擁有一樣想法的人參與其中，一同實現夢想。

我十分認同他所說的，這個世界應該鼓勵更多有能力的人成為企業家。企業家精神能大幅激發人們的潛能和創造力，讓人們從被動等待安排任務和領取穩定工資，到主動發現機會，並利用才能解決市場遇到的問題，最終獲得利潤。然而社會對於追求利潤的道德偏見，壓抑了許多原本具有企業家精神的人，而僅滿足於月領工資的生活。《國富論》作者亞當·斯密明確提出：「人類全體財富的基礎，就在於追逐個人利潤的自私心理。」要知道，社會發展的眞正動力其實就是源自個人對財富的追逐。

即便是在商業無所不在的今日，「商業是邪惡的」這樣的信念還普遍存在。我在微信創辦的教育社群剛開始時，一位訂閱者留言給我：「不喜歡這個社群，因為它太商業化了。」關於「太商業化」，她指責社群上所有內容都是與銷售直接相關的課程介紹，而沒有任何純粹的、只和心靈或精神相關的分享。按這種邏輯，我猜想她所渴望的「不商業化」的理想世界是這樣的：每個人都無償地分享或給予，這裡的交換不是基於金錢，而是來自愛心和奉獻精神。

然而正是因爲這種信念的存在，市場上出現了很有意思的現象：很多創新企業爲了避免顯得「太商業化」，紛紛轉成間接的商業模式，例如做內容的不靠內容賺錢，做軟體的也不靠軟體賺錢，而是藉由廣告商或販售用戶隱私來賺錢；而做硬體的，不靠產品賺錢，而靠加值服務賺錢。

這樣的「商業」看起來簡單而純潔。蘋果電腦的CEO庫克曾在一封公開信中評論過這種模式，他說：「當一項線上服務免費時，你就不再是消費者，反而成爲被消費的對象。」庫克聲稱蘋果絕不會出售用戶隱私，因爲蘋果的商業模式非常直接，即憑藉販售出色的產品獲利。

從這個角度來看，我十分讚賞《羅輯思維》創辦人羅振宇的做法。不同於大多數網路創業者，羅振宇始終把自己定位成生意人，對賺錢從不避諱，並一直相信「正當賺錢，是這個世上最有尊嚴的活法」。這種思路不僅把《羅輯思維》帶上一條盈利之路，同時把中國帶入了內容付費時代，爲眾多知識分子謀取福利——爲有價值的產品和服務付費是理所當然，而作爲一種正當的商業行爲，收費賺錢則天經地義。

若沒有消費者和生產者藉由貨幣直接交易，正常的價值創造體系就會被阻斷。因此我們應該鼓勵更多人成爲靠利潤生存的企業家，而不是仰賴融資、讓別人爲自己的失敗埋單的創業者。

在離職之前，我和大多數人一樣領取固定工資，然而我對這份收入一直難有心安理得的感受。因爲儘管鎮日忙碌，我卻感受不到工作的意義，更看不到它們帶來的價值。離開月薪族帶給我的生活最直接的影響，就是從此以後，再也沒有人每個月固定匯錢給我，每分錢的收入都必須靠自己去賺。然而，我卻從未像現在這般心安理得，因爲賺的每分錢都來自我爲社會所創造的價值，而它們才是我個人價值的直接體現。

這樣的生活，令我感到驕傲。

財務自由只有一步之遙

二〇一三年起，我每年都會推出一至兩期個人電子雜誌，每一期都會設定主題寫一系列文章，目前已經完成了四期。

電子雜誌的發行源於一個不經意的念頭。二〇一三年年底時，我已在個人社群分享了不少文章，但我發現這種方式雖能滿足大衆破碎的、消遣式的快速閱讀需求，卻很難讓讀者進行連續、系統式的思考。我在思索如何呈現文章時，突然間冒出了做一本個人雜誌的想法，這麼一來，不僅可以把所有文章進行分類整理，還能經由排版和配圖更便利閱讀。

於是，憑著大學期間輔修兩年平面設計的功力，我獨自完成了第一本個人雜誌，並少量印刷了三百本。出乎意料的，雜誌很受歡迎，兩天就銷售一空。面對讀者的支持，我又萌發了一個新的想法：爲何不嘗試電子雜誌？相較於紙本雜誌，電子雜誌較環保，還能降低售價和工作量。然而，就是這樣一個小小的嘗試，徹底改變了我對財務自由的理解，因爲我發現持續不斷販售雜誌如同銀行存款一樣，讓我在毫不費力之下持續獲得收入。

出版雜誌這件事，讓我想起了很久以前讀到的一個故事。

渠道的故事

很久以前，義大利中部村落裡有兩個年輕人——柏波羅和布魯諾。兩人是堂兄弟，都很聰明、勤奮且雄心勃勃，渴望成為村裡最富有的人。一天，村裡決定派兩個人把附近河裡的水運到廣場的水缸裡，於是把這份工作交給了柏波羅和布魯諾，村裡的長輩按每桶一分錢的價格付費。面對同樣的工作內容，兩人採取了截然不同的策略。布魯諾選擇每天去提水，在他看來，這是一份收入頗豐的工作：如果每天提一百桶水，每桶水一分錢，一天能賺一塊錢；一週後，可以買雙新鞋；一個月後，能買一頭母牛，六個月後，說不定就能蓋起一間新房子！柏波羅卻有另外的打算：白天他用一部分時間提桶運水，剩餘時間他要用來實現一個偉大的計畫：建造渠道，用渠道將河裡的水直接引到村子裡。柏波羅知道，儘管在很長的一段時間裡，他不僅收入會遠遠低於布魯諾，而且每天需要付出更多的努力（因為在如岩石般堅硬的地底下挖一條渠道並非易事），但他堅信這些投入終將帶來可觀的收益和回報。

幾年之後，渠道完工了。村裡再也不需要派人提水，就能擁有源源不斷的用水。柏波羅再也不需要去提水了，更重要的是，無論他是否工作，水都源源不斷地流入，而流入村子的水越多，流入柏波羅口袋裡的錢也越多。回頭來看布魯諾，他不僅因為渠道的出現失去工作，而且長期的勞累使得他背駝了，步伐也變慢了。

你的收入是被動收入，還是主動收入？

這是一則關於財務自由的故事。毫無疑問，柏波羅最終以自己的努力過著財務自由的日子，然而讓他實現這種生活的是一個至關重要的概念：被動收入。所謂被動收入，就是不需花費太多時間和精力，也不需要一旁監管，就能自動獲得收入。柏波羅建造渠道為村裡提供用水所獲得的收入就是被動收入，無論他在吃飯、睡覺還是玩樂，收入都如渠道裡的水一般源源不斷地流向他的銀行帳戶。

與被動收入相對的概念是主動收入，它指的是必須花費時間和精力才能獲得的收入。我們平日工作勞動獲得的收入都是主動收入，它是一種臨時性收入，只有工作才有，不工作就沒有。布魯諾獲得的就是主動收入，這些收入是用體力和時間換來的，當他停止工作，收入也會停止。任何形式的工資，無論多少，都屬於主動收入。

被動收入與主動收入之間的主要區別在於資本，被動收入即是資本增加的結果。這種資本和收入的形式是多樣的，典型的被動收入包括銀行存款產生的利息收入、理財投資獲得的投資收入、房產產生的房租收入等等。

此外，智慧財產權是一種重要的資本，例如我在文章中一開始提到的雜誌收入、音樂人的唱片收入、作家版稅等都是因智財權而獲得的被動收入。另一方面，企業也是一種資本，它是人力資本、固定資產和物質資本等多種形式的組合，企業的持續經營爲其所有者提供的收益也是一種被動收入。

眞正的財務自由

財務自由幾乎是所有人的夢想，但是大多數人可能並不清楚什麼是財務自由、爲什麼要獲得財務自由，以及如何獲得財務自由。我猜想，許多人認爲財務自由的核心在於「金錢」，想獲得財務自由就需擁有足夠多的財富，於是年輕時努力賺錢，期望提前賺到足夠養老的錢，就可以不再工作，享受自由生活。

事實上，財務自由的核心其實是「自由」。我們追求財務自由的最終目標不是爲了財富的最大化，而是爲了將財務的「約束力」降到最低，從而獲得身心的最大自由。

理解財務自由的關鍵應該在於理解自由。我們需要明白的是，這裡的自由不是指「擁有」的自由（獲得財務自由並不意味著想買什麼就能買什麼，不管一個人多有錢，這個世界上總有買不起的東西，而物質的欲望永遠都無法被填滿），而是「拒絕」的自由，當我們不再需要爲了錢去做自己不喜歡或不願意做的事的時候，我們才獲得了眞正意義上的財務自由。

然而，財務的自由程度與財富多寡並不成正比。事實上，很多有錢人除了消費較無限制之外，和窮人可能毫無區別——終日爲錢所累，爲了追求更多財富而犧牲了許多生命中更珍貴的事物，例如與家人相聚的時間，以及愛好、夢想、健康……如果金錢帶來的是無止境的欲望和更多束縛，即便有錢了，我們也無法實現財務自由。

那麼，要如何才能獲得眞正意義上的財務自由呢？

首先，財務自由並不意味著我們必須擁有足夠養老的資本，而應取決於我們的被動收入與日常支出間的差額，如果被動收入持續且穩定，並且大於日常支出，即使沒有足夠的財富，也算是實現了財務自由，因爲我們可以不需再爲錢工作，而是爲興趣工作。被動收入也不一定都來自固定資產，還包括了智慧財產權或事業的持續經營。

其次，我們必須學會管理自己的欲望。只有當我們拒絕成爲欲望和金錢的奴隸，明白眞正値得追求的事物，才能因財務自由而獲得心靈上的自由。

建造屬於自己的「渠道」

如果明白了財務自由的眞正含義，我們會發現它並非想像中的遙不可及，而是可策略性取得，亦即主動建造多條「渠道」，即被動收入。

一般來說，被動收入可以通過以下幾種方式獲得：第一，股票或基金等理財收入；第二，租金收入，可以是房產的租金收入，也可以是轉租收入，例如把租來房子的部分房間用來做Airbnb；第三，智慧財產權，例如圖書、音樂、藝術、軟體產品等；第四，持續經營任何一門生意或事業，無論大小，只要能持續經營並獲利，都是不錯的被動收入。

爲了獲得財務自由，我們必須有意識地去打造多項被動收入，並通過不斷提高單一被動收入或擴大收入渠道的方式使被動總收入持續增加。在所有的被動收入中，最容易和最直接的方式就是理財收入。

理財收入取決於投入資金多寡和投資策略，要增加這部分的被動收入，我們需要盡可能將更多主動收入轉換成理財資本，與此同時努力吸收理財知識，制定理財策略。隨著理財資本的增加和理財能力提高，這部分的被動收入也會不斷增加。

還有一種被動收入也值得關注，那就是智慧財產權。事實上，這是斜槓青年發揮自身優勢，將知識和技能「變現」的最好方式。現今高度發達的網際網路和科技已能輕易將知識或技能轉成可重複銷售的文字、影音或軟體類商品，而且整個市場對此類商品的需求也正持續增加。只要能將自己的專業知識或獨特技能商品化，也是一個很好的被動收入來源。

走向財務自由的過程，就是一個努力將主動收入和知識、技能資本化，然後通過這些資本獲得持續穩定且不斷增加的被動收入的過程。而我們同時也要牢記於心的是，財務自由最終的目標是心靈自由——過自己眞正想過的生活，不再爲金錢工作，也不再爲欲望所累，這才是財務自由的意義所在。

創業者的謊言

曾經讀到一篇關於創業的文章，作者是有著十年從業經驗的資深媒體人，探討內容是：創業這個領域能否出現一個獨角獸，即估值十億美元的公司[8]？然而，他最後並沒有直接回答這個問題，而是以自己三次創業經歷側談市場需求與資本趨勢，並告訴讀者他最近一次的成功完成了千萬級的首輪融資。

文筆好的人確實有優勢，透過樸實眞誠的文字，把創業過程中對夢想的執著、面對現實的無奈，以及文化人的獨特情懷展現得淋漓盡致。我相信大多數讀者都會被這種情懷和執著所感動。

然而，我並沒有。

每當創業者把創業過程的艱辛，以及在困難前不屈不撓的精神擺在聚光燈下時，總能博得一片掌聲。似乎任何事只要加上「夢想」兩字就變得無比高尚，我們甚至無須知道這夢想究竟是什麼，也不必反思它是否眞的値得追求。

我常認爲社會對於創業的熱情和創業者的崇拜太過盲目，這種盲目實際上反映出當下普遍的急功近利，想快速成功的浮躁心態。隨著大量熱錢的湧入，移動網際網路變成了一個巨大的名利場，創業則成了名利雙收的最佳捷徑。因此從大學生甚至是有了幾年工作經驗的職場人，都懷揣著一顆想創業的心，而所有走上融資這條路的創業者，無論從事何種事業，都有一個共同的「偉大夢想」——上市。有些創業者就當面對我說，他們的夢想就是去紐交所（紐約證券交易所）敲鐘。這句話毫不掩飾地道出了他們背後眞實的渴望：名與利。

然而，擁有眞正夢想的人絕不會把命運交給資本市場，因爲資本是貪婪的，它的本質是逐利。華爲（HUAWEI）創辦人任正非就曾公開表態，華爲堅決不上市，他認爲資本的貪婪本質會傷害華爲的長期發展。

當然，我不否認很多創業者一開始確實有過超越名利的夢想，他們的想法很美好——改變世界。但問題來了，改變世界的潛在含義是讓世界變得更好，那麼「好」的標準是什麼？更多選擇的產品？還是更高端的技術？然而，產品和技術不過是提升幸福感的手段，

8 「獨角獸」的概念在二〇一三年率先由美國風險投資者Aileen Lee提出，她以獨角獸代表在市面上估值非常稀有的達十億美元的公司，因為當時的新創企業能擴張到市值十億美元的機率非常低。後來獨角獸一詞即被泛稱為市場上有十億美元估值的私人公司。

也導致了很多創業者盲目生產，最終不僅沒有帶來更「好」的改變，反而讓人更貪婪、焦慮和忙碌。

世界的發展與進步憑藉的是衆人的智慧累積，絕非獨力可成。也正因改變世界需要的是聚沙成塔的力量，一個人能爲世界帶來的最好的改變就是：改變自己——間接影響和激勵身旁的人，帶給社會積極的能量。所以，與其想著改變世界，不如想想如何改變自己吧！當每個人都願意審視自我並進而改變時，世界自然而然會變得更好。

我必須說明的是，我絕非在否定創業的價值。創業是必須的，社會的進化即在於企業更替：無法跟上時代步伐的企業倒閉後釋出資源，資源在自由組合下產生更適應新時代的企業。創業就是一個讓資源重組、從而滿足新需求的過程。

我反對的是盲目創業，是那些以資本而非市場驅動的創業。當你用資本砸出一個市場的時候，那個市場多半是虛假的，一旦資本撤出，市場就會迅速萎縮。

創業的重要前提是：符合市場邏輯和價值創造的規律，即做出市場眞正需要的產品，藉由盈利實現健全持續的發展。實際上，創業並沒有想像得那麼難，只要你有市場需求的產品或服務，就能吸引到客戶；只要有口碑，就能存續更久。創業之艱辛來自於違反了事物發展的規律，想在短期內迅速做大，在未盈利時就想上市獲利。總結爲一句話就是：想賺快錢、賺大錢。但，世上哪有這麼好的事？

現今大多數創業者不願從產品做起，也不願一點一滴累積客戶，因為那樣速度太慢了，他們需要快速成功。想從消費市場獲利就必須遵守市場邏輯，但如果把目光投向資本市場，就可以繞過傳統商業途徑快速取得資金，因為資本市場不在乎這些創業公司有沒有產品，也不需要盈利，只要有足夠的成長速度和一個未來變現的故事就行了。於是，投資者和創業者共同創造了一種扭曲的新商業模式：先經營用戶，再想賺錢。

然而，融資是個巨大的坑，一旦跳進去就很難再爬出來。投資人的錢不是白給的，他們的邏輯很清晰，他們所期待的收益絕不是來自創業公司未來盈利後的分紅，而是把公司賣掉，然後從中套利。而完成下一輪融資的重要前提，就是這些公司能在數據上體現巨大的潛力，亦即需要有飛速成長的用戶數。

因此，一旦創業者走上這條靠融資生存的道路，他們會發現曾有的夢想都在遠去，因為整個公司的目標只有一個：做出投資人想要的數據。正因如此，很多新創公司並未把重心放在思考如何創造價值，而是絞盡腦汁以各種手段吸引新用戶。我相信很多創業者對此深有感觸。

然而，吸引新用戶並不是一件容易的事，事實上是越來越難了。我們所處的時代有一個很重要的特點，就是從0到1越來越簡單，從1到100卻越來越困難。原因很簡單，資訊的傳播依靠媒體，而媒體正在經歷一場重大變革：去中心化。大量APP和自媒體的湧現使得移動網際網路流量入口越來越分散，資訊的傳播也越來越不可控。這樣的結果是，「流行」無法再被人爲操控，只有眞的受到市場歡迎的事物才會引起風潮——它們必須能滿足眞實的需求，而非一時的衝動或好奇。

與此同時，消費者也越發成熟理性，他們開始對「免費」「抽獎」和各種「勵志」產生免疫力，並願意爲眞正有價值的產品和服務付費。因此，即使一些庸俗手法能短暫帶來關注度，也不過是曇花一現。

過去，我和大多數人一樣羨慕那些融資成功的創業者，被他們的奮鬥故事所打動，同時渴望著像他們一樣光鮮亮麗。但當我深入創業圈後，才赫然驚覺這只是一個名利場，那些所謂的艱難都是因違反市場邏輯、不切實際的目標所致。

你若是眞的有價值，必然能獲得市場的支持；當你只是虛榮和欲望的囚徒、資本市場的棋子，人們爲何要因你而感動？

「小而美」的成功

二〇一六年我開始了自己的小事業，但我很少用「創業者」定義自己，因爲這個詞會衍生出：用戶數、有無融資和員工等等。這是評判創業者成功與否的簡單標準。而這些都建立在一個假設：創業就要做大，資本才能獲得最大的回報。我不否認這個假設在某些層面上是正確的，畢竟在以資本爲主導的社會，一切投資都要講求回報，而收益和回報的成長大多需要通過擴大規模實現。

然而，這並不是所有人創業的目的。

北京有一家溫馨愜意的小咖啡館。每當寫作需要靈感的時候，我就會去那裡坐坐、喝杯咖啡。老闆娘是個熱愛甜點的女孩，每天清晨，趕在客人來之前，她會安靜地坐在咖啡館一角，修剪剛剛送到的鮮花，一枝枝插進小花瓶中，再精心擺放在店裡的桌子上。每每看到這畫面，我都有種莫名的感動。儘管小店的經營和打理需花費很多時間和精力，但我知道她是快樂和滿足的，因爲這是她所熱愛的事。

現代人心中似乎都少了一份快樂。進入社會之後，我們的時間被機械地分割了，於是我們很難再沉浸在自己的節奏中，而是被其他人掌控生活步伐，這樣的結果就是，每個早晨面對一股被逼上競技場的壓力，對外界的好奇心也在不知不覺中消失殆盡。

被社會掌控的我們變得越來越依賴社會——按別人的規則做決定、按別人的價值觀生活。結果離眞實的自己越來越遠，成爲生活的囚徒，終日勞累奔波，爲他人的評價而苦惱。

不過，這個世上還有一群人，他們選擇創業，僅僅是爲了從這樣的生活掙脫，點燃曾經的夢想和生命的熱情。他們不爲名利，也不追求規模，只想找到一種適合自己的生活。這樣的人健康而精力旺盛，他們知道自己是誰，也知道自己想過怎樣的生活。他們心安理得地做著熱愛的事，每一天投入、負責地活在當下。

我稱這類人爲「獨立創業者」。這種獨立首先體現在資金的獨立，即不依賴他人提供資金（小本生意根本不需太多資金），如此便不會出現利益與目標上的衝突，也不易被他人掌控；其次意味著思想的獨立，即不被他人或社會價值觀綁架，而是能忠於內心，做眞正喜歡的事。

獨立創業者並不等同於自由職業者，兩者的區別在於，獨立創業者有固定的商業模式，並通過商業形式爲客戶提供產品與服務，由此創造持續和穩定的收入；自由職業則沒有商業模式，主要以提供個體勞動來獲得不定期收入。成爲獨立創業者比融資創業難上很多，因爲融資只需證明你的想法有市場潛力，而獨立創業者則需要有強大的自省能力。

忠於自己絕不是一件容易的事，你首先要想明白自己究竟想要怎樣的生活，這需要時間和閱歷。此外，你還要有勇氣和足夠強大的內心對抗社會強加於你的價值觀，以及人性的貪婪和虛榮。

開始自己的事業後，我經常會遇到各種誘惑。猶豫、動心的時候，我便停下來問自己，到底什麼才是最重要的？每一次的自省總能讓我變得更加堅定。

有什麼能比現在的生活更讓我感到快樂呢？我可以完全控制自己的時間和生活，根據自己的節奏來安排一切事務，只把時間花在喜歡的人和事上，還能從內而外不斷提升自我。不活在過去的限制，也不活在對未來的期待，更不因取悅他人而委屈自己。

人生最大的幸福莫過於能過上內外一致的生活，這是我目前的狀態。更重要的是，沒有了期限和業績壓力，我可以擁有充足的時間來規畫產品，並用心經營與讀者、學員之間的關係，陪伴彼此成長。

在資本市場，「小而美」的創業並不受青睞，然而我卻認爲它是世上最美好的事，因爲只有「小而美」才能賦予我們眞正的快樂與自由——包括心靈上的自由，也包括財務自由。一個人只有在拋開功利，做眞正熱愛的事的時候，才能全心投入，發揮眞正的實力。而這些用心做出來的產品都有很大機會獲得消費者的認同與支持，並因此獲得不錯的收益。

「小衆將成爲新的流行文化。」一個美好的世界應該擁有大量用心經營的「小而美」公司，它們的存在會讓市場出現更多兼具品質與個性的產品和服務。

「做自己喜愛的事，並以此爲生。」它讓我們回歸本性，找到詮釋生活的方式，並最終成爲那個我們原本就是的「貴族」。如同這段話所說的：

「我相信，每一個五歲孩子的世界都是如此的斑斕，認爲自己有價値、高貴，並且個性十足。五歲的孩子就是一個這樣的貴族。他追尋自己的眞理、自我完善與卓越，卻從不計算成本。不在乎金錢和家裡的存款，他給世人的感覺就是，他是一位百萬富翁。」

突然，我想起了紀錄片《壽司之神》中的小野二郎，一輩子經營一家小店，全心奉獻給此生的摯愛——壽司，最終名滿天下。也許對某些人來說，成功意味著盛名，然而我認爲二郎先生的成功不在於最終的成就，而在於他守住了自己的心。

Chapter 2

迎接多職人生

一種想探索新人生的衝動，喚醒我對愛好的渴望。
它就像夜裡劃過的一道火光，驅散我眼前的黑暗。

強者的答案

斜槓青年的概念帶給一些人新的啓發與方向，但也讓一些人感到自卑與焦慮，認爲這樣的生活可望不可及，因爲自己不夠優秀、做不到。

我很理解這種感受，因爲我就曾是一個非常消極和被動的人，儘管會念書，卻對自己毫無自信。然而六年前，我靠著自己的力量走出自卑，一步步成長爲現在的自己。所以我打算對那些沒有自信的人，說說自己的成長故事——一個從快樂到迷惘、迷失，又重返快樂的故事。

我出生在一個很普通的家庭。父母都是老師，他們對我並不嚴厲，也沒有過高的要求和期待。他們的教育理念是：小孩子應該快樂自由地成長，學校成績沒那麼重要，也不會對將來造成太大影響。因此只要考試成績不太差，他們幾乎不干預我的課後生活。

這樣的成長環境給了我一個無比美好的少年時代：每天過得逍遙自在，有大把的時間玩耍和做各種喜歡的事情，例如畫畫。那個時候，畫畫是我生活中非常重要的一部分，它讓我感到無比快樂。

我的成績一般，但我不在乎，也不在意別人對我的看法。然而進入中學後，一切都改變了。我在語言上的天賦使得我的英語成績十分突出，引起了師長對我的關注，漸漸地關注轉變成了期待，突然間，我從一個毫不起眼的學生一躍成爲老師喜歡的優等生，我十分享受這股從未有過的虛榮感。爲了持續得到滿足，我只得開始努力學習，成績因此一躍千里。

上了高中就是惡夢的開始。不僅面臨更繁重的學業，還有巨大的升學壓力。爲了保持優異成績，我徹底放棄了所有的愛好，把時間都用來念書。然而，在理科上並無興趣和天賦的我，不管如何努力，都難以達到理想的成績。挫敗感讓我變得脆弱又敏感，慢慢的，我從一個積極快樂的孩子變成消極憂鬱的青年。

大學聯考前幾個月，我每天都生活在崩潰的邊緣，然而最後聯考失利，於是我的大學生活幾乎在自卑與消極中度過。後來，我以優異的成績拿到全額獎學金去美國念MBA，兩年後以全A的成績通過金融分析師一級考試，並獲得去美國州政府工作的機會，但我還是找不回過去樂觀積極的自己。我害怕自己不夠好、害怕失敗，因此不敢主動追求任何機會，總是被動地等待機會來臨。

這樣的故事聽起來可能並不陌生。我猜想每個人都有一個類似的故事：一個活在自己世界中的快樂小天使，認爲自己優秀且獨特，直到有一天，開始以別人的眼光來審視自己。

學校的成績、公司的業績，這些彷彿全盤決定了我們是否優秀；我們的收入和職位體現了我們在社會中的價值和地位。我們從一個競爭走向另一個競爭，然而所有的競爭都有著相同的結果——勝利只握在少數人手中。接連的失敗，讓我們開始懷疑自身能力，並接受「自己不夠好」的可能。慢慢的，我們不再追求更好，而是對工作、對生活被動地做出回應。

然而我的故事還沒有結束，而是意外出現了令人驚訝的轉變。

商學院畢業後，我成了美國奧勒岡州政府的一名研究員。這份工作本身對我的意義不是很大，但是那段舒適悠閒的工作生活讓我能自由支配時間。

當意識到自己終於不再需要計較成績，而是可以開始放慢腳步享受生活之後，我突然有了一種想探索全新生活的衝動。這種衝動喚醒我對愛好的渴望，它就像黑暗中劃過的一道光亮，驅散了我內心的陰霾。我對抗著仍隱隱存在的自卑感，並鼓足勇氣重新學習繪畫。

至今，我還清晰地記得上課前那個無比緊張與害怕的自己，但當我重新拿起畫筆時，這些不安瞬間煙消雲散。我回想起兒時與繪畫爲伴的美好時光，也彷彿觸摸到了久違的自信與快樂。於是我堅持每週作畫，也逐漸變得自信起來。

在繪畫課堂上，老師推薦了一本書《創作，是心靈療癒的旅程》（*The Artist's Way*）。

這是一本類似藝術心理治療的書，由十二個主題組成，並搭配自我練習，讀者需在十二週內依循書中引導完成所有的練習。作者茱莉亞．卡麥隆藉由這樣的練習，帶領讀者探索內心自卑感的根源，然後一步步找回創造力，重啓創作之路。

這是一本世界級暢銷書，全球各地都有自發的學習團體，成員定期共同學習和實踐書中的方法。我渴望加入這樣的學習團體，但我在網上搜索後失望地發現居住的城市沒有這樣的學習團體。

也許是因爲內心的渴望太強烈了，就在那一瞬間，我腦海中突然冒出一個想法：如果沒有，我爲什麼不自己來創辦一個呢？不知道從何而來的自信與勇氣，一個突如其來的念頭，讓我徹底告別了過去的自己。

那是我人生中最重要的轉捩點。有了想法後我立刻行動，最後成功招募八位成員加入我的學習團體，在我的帶領下，成員每週見面、共同學習。這件事提升了我的自信，從此以後，我不再被動地等待機會，而是主動創造自己想要的生活。

緊接著，我開始嘗試更多新鮮的想法：我創立了一個名爲「思考者小組」的組織，每月舉辦一次主題座談，邀請嘉賓就該主題和參與者進行探討；除此之外，我還在四個月內成功完成了十場演講；甚至在離開美國之前，舉辦了首次個人畫展，以此來告別美國的生活。

我曾給自己寫下一句話：You have a choice.（你有選擇的自由），我想提醒自己，無論遇到任何事，都要意識到自己有選擇的權利：可以選擇消極被動，也可以選擇積極主動。這句話成爲我生命中最重要的一句話，因爲它讓我相信自己的力量：不期待他人的賦予，而是想要怎樣的生活，就主動去創造。也正因爲這樣的信念，我打造了一個又一個社群，做了許多精采有趣的事，最終成爲現在的我。

每每回想起過去的經歷，內心都充滿感激之情。若非那次的轉變，我的人生很可能會是另一番模樣。然而很長的一段時間裡，我一直不明白爲什麼自己曾如此深陷消極的狀態而無法自拔，也不理解爲何又在那麼短的時間內經歷徹底的轉變，直到我在學習積極心理學的過程中，讀到了「習得性失助」理論。

一九六七年，美國心理學家馬丁．塞利格曼做了一項經典實驗。他把一隻狗關在籠子裡，只要蜂鳴器一響，就給狗施加難以忍受的電擊。狗因爲逃不了，就在籠子裡狂奔，驚恐哀叫。多次實驗後，蜂鳴器再次響起時，狗便不再狂奔或尋找逃跑的機會了，只是趴在地上無助哀叫。即便在實驗最後，實驗者在電擊前把籠門打開，狗也不選擇逃跑，而是沒等電擊出現，就倒地呻吟和顫抖。

透過這個實驗，塞利格曼提出了一個著名的心理學概念「習得性失助」。意爲人們在先前經歷中，發現努力很久卻始終無法達到預期效果，於是便形成一種「自己的行爲無法改變結果」的消極，並因此處在一種對現實感到無望和無可奈何的心理狀態，即使之後置身於有機會改變結果的新環境中，也不再選擇嘗試。

實驗中的狗就是因後天經歷而形成了「習得性失助」的心理狀態：多次電擊與重複的失敗讓牠相信，無論如何努力都無法改變結果，所以選擇不再努力，以致最後只是絕望地等待痛苦來臨。

「習得無助感」解釋了包括過去的我在內很多人的心理狀態和行爲模式。我們對於自我的認知很大程度上取決於外在世界給我們的回饋，然而從小到大我們所獲得的大部分回饋通常是負面和消極的。小時候做了錯事，父母會罵：「爲什麼那麼調皮！」學校成績不好，老師會說：「怎麼那麼笨！」開始工作之後，就一直處在與他人的比較之中。似乎很多情況都在告訴我們：「你不夠好。」久而久之，便成了我們根深柢固的自卑感。每當我們想主動嘗試，這種自卑就會跳出來阻止我們。

「習得無助感」導致了一種惡性循環：一個人越被動消極，獲得成就的可能性就越低，同時會進一步強化「我做不到」的信念。

心理學相關研究已經證明了消極的心態會抑制我們的潛能，讓視野變得狹隘，看不到機會與可能性，因而變得被動甚至無助；相反的，積極快樂的情緒能夠導致更好的表現。

積極心理學家尙恩．艾科爾在著作《哈佛最受歡迎的快樂工作學》（*The Happiness Advantage*）中指出，擁有積極心態的人，大腦會經歷所謂的「快樂優勢」，其表現結果會比處於消極或一般狀態時高出三一％，因爲積極情緒會使人的智商、精力和創造力都明顯提升。

事實上，消極被動的心理狀態在現實生活中十分普遍。在與讀者、學員的大量接觸中，我發現人們在思維上的共同點：遇到問題或困難時的第一反應都是向外求助，把希望寄託在別人身上，渴望別人給自己答案，卻很少主動思考解決辦法；渴望不一樣的人生，卻永遠只停留在羨慕的階段，或到處「尋醫問藥」，期盼別人告訴自己改變人生的方法。

從他們身上我看到了過去的自己，儘管不算是眞正意義上的「習得無助感」，卻是一種典型的弱者心態——弱者提出問題，等待別人解答；強者提出問題，然後主動解答。

一切突破和成長都必須來自內在的主動力量，偉大的詩人里爾克認爲：「所謂的命運是由我們的內心走出來的，而非等它朝我們走來。」

毫無疑問，人類自身的潛能是巨大的，因爲我們的大腦被賦予了強大的思考、分析和創新能力。我們必須相信這樣的能力，它的力量才得以釋放。

在歐洲發展史上，十六世紀的宗教改革就是扮演這樣一個角色——讓歐洲人走出愚昧的中世紀。當時的歐洲人相信自己有能力解開自然之謎，這股自信給了他們探索的動力，並且開啓了十七世紀的科學革命。由此可見，相信自己是多麼重要。

同樣的，對個人來說，要想突破自我，就必須除掉限制我們的「罪魁禍首」，也就是消極被動的心態，它像一把枷鎖，鎖住了我們所有的潛力。唯有學習成爲強者，才能打破枷鎖，釋放我們內在的原動力，推動我們不斷向前，成爲人生的創造者。

我知道，讀到這裡你可能會想，該怎麼轉變呢？

不要忘了，強者提出問題，然後主動解答。

「我不夠好」，怎麼辦？

無論是誰，生活中都無法忽視的就是他人的評價。它們時刻存在，並且直接影響著我們的情緒，也導致我們常常爲別人怎麼看自己而苦惱。那麼，如何才能避免他人的評價對我們造成影響呢？

擁有一定大衆影響力的人都會面臨同一個問題：關注度將我們暴露在任人評論的風險之中，而大衆通常是不理性且情緒化的，因此我們無可避免地會因觀點不同而遭受攻擊。當這樣的事情第一次發生在我身上時，我感到無比憤怒，同時又極其委屈和難過。有那麼一瞬間，我甚至陷入自我懷疑，心想自己是否眞如他人評價的那麼差，但我很快制止了這種情緒蔓延。我想起了《反脆弱》（*Antifragile: Things That Gain from Disorder*）一書中對「反脆弱」的定義：從隨機事件中獲得的有利結果大於不利結果。於是，我決定用「反脆弱」的方式面對這件事，並開始思索如何從中獲益。

自尊心作祟下，「我不夠好」幾乎是所有人內心深處最害怕的事。美國知名脫口秀主持人歐普拉在哈佛大學畢業典禮的演講中提到，在過去二十多年訪談生涯中，她最重要的領悟就是：人類擁有一項共同的天性，即渴望被認可。她說，每當錄影結束的那一瞬間，所有嘉賓，包括布希總統、歐巴馬總統甚至碧昂絲，都會問她同一個問題：「Was that ok?（我剛才表現得還可以嗎？）」由此可見，即便是總統和大明星也和普通人一樣，害怕自己不夠好，渴望獲得認可。

「自尊」屬於社會心理學的範疇，它關乎自我認同感，是我們對自我價值主觀評價的結果。自我認同較高的人，相對而言較自信和快樂，人格也更加完整；自我認同低的人，則會表現出兩種極端：一種是虛榮，即通過刻意炫耀和誇大事實來博得認可；另一種則是自閉、自卑，甚至自暴自棄。

自尊對每個人來說都極其重要，因爲它與我們的幸福感息息相關。心理學家認爲自尊是通過社會比較而形成的，它依賴於與他人的比較以及他人對我們的評價，也就是說，他人的評價會直接影響我們的自我認同，我們覺得自己好或不好，很大程度上取決於別人對我們的看法。

然而，並不是只有那些帶來愉悅的評價才是有意義的，事實上除了惡意的攻擊之外，任何形式的評價都有其價值。

我們都有過度自信的傾向。這種傾向經常會蒙蔽我們，讓我們無法看到自己的問題，而他人的評價則可越過這道屏障適時給予我們回饋。如果能合理利用這些回饋，它們能有效幫助我們成長。然而很多時候，面對那些指出我們缺點和錯誤的意見，我們往往會反射般地進入一種自我防衛狀態，甚至對評論者產生敵對心態，甚至反擊。

我們害怕自己不夠好，所以為了保護自尊，本能地排斥一切負評。然而眞正傷害我們自尊的不是那些負評，而是我們的僵固型思維，亦即我們的自尊源於僵化的自我形象，而非呈動態發展的自我形象。所以，避免自尊受負評影響的最好辦法不是拒絕它們，而是轉換為**成長型思維**。

這兩種思維模式是由史丹佛大學心理學教授卡蘿．杜維克提出來的，她是人格心理學、社會心理學和發展心理學領域的傑出學者，並在人類動機與智力領域做出大量的理論與研究。

二〇〇七年，她出版了一本引人注目的著作《心態致勝》（*Mindset: The New Psychology of Success*）。杜維克在書中區別了兩種在人們的成功過程中扮演不同角色的思維：僵固型思維和成長型思維。僵固型思維者的特點是，他們認為聰明才智是人固定不變的特質，因此他們永遠處在一個「證明自己」、而非「發展自己」的心態中。僵固型思維者會過於在意他人的評價，不願暴露自己的不足，並努力藉由迴避挑戰來避免失敗，以此維持自信。與此同時，他們總希望證明自己的才華高人一等，別人的認同會讓他們產生優越感而變得自負，而一旦覺得不如他人時便會陷入自我懷疑和否定中。

成長型思維者則恰恰相反，認爲能力是通過學習不斷發展而來的，因此他們關注的不是「證明自己」，而是「發展自己」，他們不會因爲失敗或負評而產生自我懷疑和否定，而是看成自我提升的機會，更不會將目前的不足與自我認同劃上等號。成長型思維者往往不需非常自信，他們認爲即使自己不擅長，也可以全心投入，並堅持下去，他們不必證明自己做得非常好，因爲他們相信人的能力是動態發展的，只要能夠不斷進步就好。

多年研究已經證實，僵固型思維會限制人們獲得成長和成功。當一個人過分在意證明自己時，會爲了獲得認同而努力掩飾不足和缺陷，同時還會爲了避免暴露弱點而極力逃避所有挑戰性的任務。然而，學習和成長本身就是一個不斷犯錯的過程，如此一來容易因失去挑戰而停滯成長。

仔細觀察身邊的人，我們會發現社會中僵固型思維者的數量遠遠超過成長型思維者。這很可能與我們的本能有關，而注重結果而非過程的教育體制和文化氛圍，毫無疑問強化了這種本能。儘管成長型思維並非與生俱來的，卻可以經由後天的努力學習。

首先，轉換思維的第一步就是要勇敢承認並正視自己的不足。當我們開始思考如何改進來獲得成長時，就能坦然面對好壞評價，並從中獲益：接受合理的評價，讓自己因此變得更好；同時不因惡意攻擊和無價值的負評而動搖內心。

所有人都曾經歷無知、犯下錯誤，也都有缺點和羞恥心，正因沒有人天生完美，才讓成長變成世界上最快樂的事。

現在的我已不再爲他人的評價所困擾，甚至還因別人指出我的不足而開心，因爲這意味著我還有更多的成長空間。當我再次遇到惡意的貶謫和攻擊時，我也不再以憤怒、反駁或逃避來回應，而是大方承認：我的確不夠好，但我在進步。

是的，**我在進步**。這才是害怕「我不夠好」最佳的心靈解藥。

一萬小時的虛幻馬拉松？

不久前，我在參加朋友組織的極客[1]聚會時，發現了一個很有意思的現象：幾乎所有人都在討論人工智慧這個話題，然而在探討過程中，他們卻能像日常閒聊般地談論人類歷史、經濟、神經科學、認知心理學、量子理論等。他們的談話完全顚覆了我對極客的刻板印象，我曾以爲極客只是一群精通電腦和網路技術的人，沒想到他們的知識竟如此淵博。某種角度來看也肯定了我的一個觀點：未來眞正優秀的人才，一定是那些有著全面知識結構的專業人才。

然而，即便看到身邊已有不少全面發展的例子，有些人還是會固執地認爲，一個人的時間與精力有限，不應該學那麼多，只要專攻一項就好了。我們也時不時會聽到「全面發展就是全面平庸」這樣的話。然而，這樣的言論顯然沒有任何依據，不僅如此，還可能誤

1 Geek，原為貶義，指善於研究卻不善社交的知識分子，後來指稱對電腦和網路技術有狂熱興趣並花大量時間投入的人。

導人們，成爲阻礙社會發展和進步的絆腳石。甚至有人會因此打擊身旁那些想全面發展的人。

贊同「全面發展就是全面平庸」的人，也許會以「一萬小時定律」來支撐其論點，認爲若想擁有某項傑出技能，就必須付出長時間的努力，而人的精力與時間都有限，因此只能專攻一項學習。如果學太多，每一項技能都只能處於平庸水準。聽起來似乎有道理，但進一步深究會發現當中存在嚴重的邏輯缺陷。

讓我們重新審視著名的「一萬小時定律」。這個定律是由作家麥爾坎·葛拉威爾所提出，他在暢銷著作《異數》（*Outliers: The Story of Success*）中指出：「人們眼中的天才之所以卓越非凡，並非天資超人一等，而是付出了持續不斷的努力。只要經過一萬小時的錘煉，任何人都能從平凡變成超凡。」他將此稱爲「一萬小時定律」。

實際上，葛拉威爾的「一萬小時定律」參考了另一項研究結果。一九七三年，諾貝爾經濟學獎得主、人工智慧研究開拓者赫伯特·西蒙和威廉·蔡斯在研究國際象棋大師的成長時，發現幾乎沒有一個人不經過十年左右的訓練才達到國際象棋大師的水準。於是，西蒙在率先提出專業技能習得的「十年定律」。

然而，無論是「一萬小時定律」還是「十年定律」，它們都有其特殊條件，並非針對所有技能，也不適用於所有人。

首先最新研究已經指出，「一萬小時定律」從來不存在，它僅僅是暢銷作家對心理學研究的一次不太嚴謹的演繹而已。不同專業領域的技能習得與練習時間並不存在一萬小時的最小值，範圍也可能是幾百小時或幾千小時。例如學習網球，兩百小時的學習和訓練就能達到熟練的程度；即便是成爲某個領域的專家，獲得博士學位也僅僅需要幾千小時。

其次，「一萬小時定律」和「十年定律」研究的都屬於「認知複雜度」較低的活動，例如鋼琴、象棋、舞蹈或體育等競技，想在其中獲得突出成就，必須花費大量時間練習，即便如此，時間的長短也非唯一決定因素，天賦的影響更大。另一方面，「認知複雜度」較高的活動，例如行銷、管理、產品設計等等，作用就十分有限。

實際上，「一萬小時定律」只對那些想在藝術、體育等專項技能獲得突出成就的人有用。對於大多數人來說，我們工作上所需要的能力都是一些複雜的綜合能力，例如產品開發、用戶經營、市場推廣等等，這些能力的獲得與訓練時間長短並無太直接的聯繫，恰恰相反，它們依賴的是更全面的知識結構與多元技能。

世界是一個瞬息萬變、龐雜的有機體系，目前的學校教育使各門學科相互孤立，把世界拆分爲無數碎片，必然導致人們以孤立的思維模式進行單向發展。然而不管從人格還是職業發展的角度來說，全面發展都是更好的策略。一九八〇年代，西方學術界提出了「全人教育」的理念。全人教育的教育目標爲：在健全人格的基礎上，促進學生的全面發展，讓個體生命的潛能得到自由、充分、全面、和諧、持續發展。簡而言之，全人教育的目的就是鼓勵跨學科互動與知識整合，培養學生成爲道德、知識、能力和諧發展的「全人」。

如今許多企業已開始將綜合能力，以及更廣泛的知識結構與技能作爲評選人才的標準，並提出了T形人才的概念：擁有專業知識，以及廣泛知識面向的人才。

我想像，以「全面」爲基礎的專業需求不僅逐漸是社會在培養、汰選人才的標準，更是未來時代對我們提出的要求。

「效率」已不是時代的關鍵字

「效率」是過去工業資本主義時代的關鍵字。那時商業環境穩定，企業營運和管理規則在很長一段時間內都無須改變，公司內部依靠的是流程化與標準化，「專業度」與「經驗」是評選人才的標準，員工的專業度越高、經驗越足，在單位時間內的產出就越高，對公司的價值也就越高。在這種環境下，只需要有基本的專業知識，然後不斷累積一個領域的經驗即可，沒有必要追求個人的全面發展。

然而，進入新時代後，所謂的「穩定」便一去不復返了。

新時代的一個顯著特徵是：一切瞬息萬變，經驗的價值逐漸降低。如同聯想集團創辦人柳傳志所說的：「移動網際網路時代的到來，帶給社會巨大的變化。很多新生事物完全打破並超越人們經驗所及。我們徹底看不懂了。」這種變化導致商務邏輯一再被改寫，過去各種規則不再適用，企業效率再高也無法左右成敗，效率已不是追求的目標。

現在幾乎所有的企業，無論大小，都在談論創新、轉型和改變。在《中國企業家》雜誌創刊三十週年年會上，百度創辦人李彥宏就在演講中表示，在大眾創業、萬眾創新的背景下，一個企業在這種快速變化的大環境下如果不創新，很快就會出局。

同時，企業對員工的綜合能力要求也會越來越高，因爲員工不再只是執行任務的「螺絲釘」，更需主動創造。

許多公司已開始嘗試採取扁平化、去中心化，以專案爲核心的組織模式，並提供員工充分的發揮空間。任何人只要有想法和說服他人的能力，就可以從公司爭取到資源，組成自己的專案團隊。員工的工作動力完全來自對專案的認同，以及對項目成功的渴望。如此才能真正激發員工的積極度與創造力。在未來，一個人在團隊中的發展速度與空間不再取決於專業和資歷，而是全面的綜合能力：創意、溝通、領導和執行能力。

明智的決策來自全面的知識結構

速度與方向，孰輕孰重？

毫無疑問，肯定是方向。因爲就算速度再快，如果方向是錯誤的，結果只會離期望的目標越來越遠。

在快速變化的商業環境中，決策，變得十分關鍵，一個錯誤的決策不僅會帶來經濟損失，更可能錯失發展良機。決策能力極其重要的另一個原因在於：如今的企業可說已無過往的經驗可循，也幾乎無法複製他人的成功，因而必須根據自身的實際情況，做出明智的決策。

那麼，該如何做出明智的決策？前提是對社會擁有較客觀且精準的認知。

知識是相通的，只不過是在描述不同領域的規則而已：自然科學描述的是客觀世界的規律；社會科學研究的是人類社會的規律。原子層面的規律叫物理學；原子組成了分子，分子層面的規律叫化學；分子經過複雜的化學過程演變成了原始生命，於是有了生物學的規律；再來便是人類學和社會學……

事實上，社會科學與商業高度相關。商業的基礎是人，無論公司管理、產品設計，還是市場行銷，都仰賴著對人或人群的心理和行爲預測。各領域知識對於趨勢的判斷，以及商業決策都有重大意義。這也許能解釋一個有趣的現象：西方許多傑出的政界、商界領袖都是人文社科出身，他們對人更感興趣，對人的認知也更深刻。

準確反映環境的基因

對比過去三十年間每十年的變化，我們會發現世界的變化呈指數增長，毫無疑問，這樣的變化速度只會越來越快。人類的下一個時代是人工智慧時代已是公認的事實，像Google、騰訊、阿里巴巴等企業都將大量資源投入人工智慧領域。專家預測大部分傳統職業會消失，但與此同時，也將誕生許多新的職業。我們無法預測人工智慧的普及將對我們產生怎樣的影響，但我們目前唯一能做的就是讓自己變得更複雜，以提高適應未來商業環境的能力。

我的人文導師在課堂上講到基因與進化時說：「生物進化過程中，能成功留下來的永遠都是那些能夠準確反映環境的基因。」確實如此，面對變幻莫測的自然環境，基因的重要生存策略就是通過增加自身的複雜度來適應環境。正是因爲基因的持續複雜化，才會進化出哺乳動物以至人類的複雜生物；人類的大腦皮層也是出於同樣的進化原理——讓人們進行複雜的思維活動，從而對環境做出更準確的反應。

通過增加複雜度來適應瞬息萬變的環境，也同樣適用於社會中的個人發展。環顧周遭，不難發現很多年輕人都在利用業餘時間馬不停蹄地學習，他們所學的知識很多與自身從事的專業領域無關，也有越來越多的年輕人開始對社科領域感興趣。這種學習潮一方面體現了人們更高的自我追求；另一方面則反映出一種危機感。

其實，現代大學的出現很重要的一個原因就是：爲工業資本主義的發展需求提供大量各領域人才，直接的體現就是全面和深入的知識體系。然而慢慢的，現在的大學顯然已無法滿足商業環境和社會需求，正因如此，知識服務的概念才開始流行，自我教育成爲比高等教育更重要、也更有效的個人發展途徑。

你被堅持「綁架」了嗎？

幾年前，我發起了一個行動叫「夢想啓動計畫」，目的是經由爲期六週的分享與實踐，促使大衆開始爲夢想行動。共有三十位參與成員，我們每週選取一個主題，共同學習、探討和實踐。

記得在一次討論中，我與成員分享了自己過去爲夢想所做的事：商學院畢業後，一直利用業餘時間做不同的嘗試，例如先在美國創辦一個以討論政治、經濟問題爲主的論壇；回到北京後與朋友建立了一個女性社群；之後獨立做自媒體，夢想啓動計畫則是最近的一個新想法。說到這裡，一位成員提出了質疑，她說：「如果總是做一段時間就放棄，不堅持下去的話，會不會永遠無法成功？」

說實話，這句話的確引起了我的反思，那一瞬間，我甚至因爲自己的不堅持而略感羞愧，然而我並沒立刻否定自己，而是腦子裡突然冒出一個疑惑：堅持，就一定是對的嗎？

成長的過程中，我們經常被告知做任何事都必須持之以恆，以致於任何的「不堅持」都會讓我們感到羞愧。然而這是一種謬誤，這樣的觀點是建立在我們深信堅持就能得到想要的結果，而這種結論顯然是錯誤的。想想許多運動選手，每個人都是堅持的典範，但王者永遠只有少數幾人。不過這並不意味著堅持是沒有必要的，只是堅持有理性與盲目之分，而你的堅持是否值得推崇，取決於你所追求的目標類型。

一般來說，目標可大致分爲兩種：簡單目標與複雜目標。簡單目標是指行爲與結果之間有明確線性關係的目標，例如減脂、增肌、增加外語詞彙量、提高外語聽力水準、學程式設計等等；複雜目標則是指結果受控於許多因素，而各因素間又存在複雜關係，行爲與結果之間沒有直接明確線性關係的目標，例如二〇％用戶成長、創造千萬銷售額、幫助他人成長、獲得幸福等等。

對於那些簡單目標來說，堅持確實有必要，因爲所有能力的提高都仰賴長時間的練習與累積，但即便如此，堅持也只是必要條件，並非充分條件，也就是說僅僅靠堅持是不夠的，還需要有正確和有效的方法。如果方法是錯誤或低效益的，那麼這樣的堅持就是一種無效的努力。舉例來說，有人想以健身達到增肌的目標，但每次訓練都不選擇具挑戰性的重量，那麼不管做多少次訓練都很難達到目標。因爲肌肉增加的原理就是讓肌纖維先撕裂，再通過攝入蛋白質修復肌肉，訓練重量和強度都不夠，就無法刺激肌肉增加。

在生活中，我們經常會看到有人堅持學習了很長一段時間的英語，但依然無法達到與人交流的目的，關鍵原因也在於方法不對。提高英語能力除了學習語法、累積詞彙、堅持朗讀之外，還需要大量的刻意練習。也就是說，我們不僅要開口說，還要在說的過程中反思，有意識地糾正錯誤。因此，刻意練習才是學習技能的關鍵，這點我在後面的章節會討論到。

因此，堅持只對簡單目標有意義，如果面對的是複雜目標，堅持不僅不會幫我們獲得想要的結果，有時甚至還會錯失機會。複雜目標之所以複雜，是因為目標能否達成取決於大量相關因素，並存在著無數的選擇與可能性，而每個選擇所導致的結果又是不可預知的。在這樣的情況下，堅持其實意味著機會成本，因為堅持一種選擇，就會失去其他選擇。

舉個例子，所有公司都有業績成長目標，這是一個典型的複雜目標，它由很多因素決定，例如產品策略、行銷策略、消費者偏好、競品比較等等。為了提升業績，公司開發出一款新產品，然而上市一段時間後發現銷售十分不理想，那麼此時理智的做法不是繼續堅持下去，而是果斷放棄，把資源改投入在其他有潛力的機會上。

現在流行一個詞「試錯」，也已成為許多公司的發展策略，背後的理念很簡單：事情對還是不對，做了才知道，對了就繼續，不對就重新調整。實際上，無論對公司還是個人而言，最好的發展策略都不是堅持，而是「試錯」，特別是在如今極其複雜又快速變化的商業環境中。

我們所有的決策都是基於假設和對規律的理解，然而我們對規律的理解不一定正確，結果也可能與預期大相逕庭。當事實與假設相悖時，我們一定要根據事實的回饋做出相應調整，而非盲目堅持之前的策略，否則將失去止血和新的機會。只有不斷「試錯」，才能一步步走上正確的道路。

回想我過去幾年的經歷，所謂的放棄只不過是試錯過程中的一個選擇而已。創辦論壇是商學院畢業後的嘗試，過程中我逐漸發現自己對於政治和經濟的興趣並沒有想像中濃厚，而是更喜歡做與個人成長相關的事，於是便放棄論壇，轉而做女性社群；女性社群一開始是成功的，因爲那時正是社團興盛的時候，然而當我們打算把它從業餘社團轉成正式的創業項目時，卻發現它存在很大的發展瓶頸。這個時候，微信推出了公衆號功能，讓我們看到了新的可能，經過討論，我們打算把社團轉朝女性自媒體發展，但因我們缺乏做媒體的經驗，所以這個項目仍以失敗告終。不過，這段經歷卻因此開啓了我的自媒體之路，並以此爲起點走入內容創業的領域。

對某些人來說，我可能「不堅持」了很多次，然而儘管過程遇上多次挫折，我的目標始終沒變，就是幫助更多人實現個人成長。而那些失敗，則是現實環境對我「試錯」的回饋。

這個社會太過於強調堅持的重要性，卻沒有意識到堅持是有成本的，而懂得放棄，更是一種智慧與果決的體現。或許我們更應關注和讚美的是改變，因爲世界的本質是變化，而且速度越來越快，只有不斷改變，才能和時代並肩而行。

利己的盤算，道德嗎？

我還在公司上班時，每當我與其他人談起工作之餘自己在做的事時，對方總會問這麼一句話：「你老闆知道嗎？」言下之意大家都懂，老闆一般都不願意自己的員工做一些與公司利益無關、但對員工自身發展有利的事，即便是在他們的下班時間。然而，爲什麼老闆們會有這樣的心態呢？原因很簡單，他們害怕這些工作之餘的個人發展很可能帶來新的機會，導致員工最終離開公司。

這就是公司與員工之間典型的利益衝突：公司希望員工專心致志爲公司服務，不希望他們費心思在個人發展上；但有時員工所期待的成長無法從公司得到，這種情況下他們會渴望在工作之餘尋求其他機會。然而，很多人常會因這種利己的想法而產生罪惡感，因爲「公司利益在個人利益之上」已是多數人根深柢固的觀念。

利己主義在大部分文化中都帶有貶義。一位學者曾如此批評：「我們一些大學，包括北京大學，正在培養一些『精緻的利己主義者』，他們高智商、世俗、老到、善於表演、懂得配合，更善於利用體制達到自己的目的。」我們的文化反對以自我爲中心，認爲把個人利益擺在最高的位置是一種不道德，把他人或集體利益放在自己之上，才稱得上犧牲奉獻。

然而這是社會對利己主義極大的謬誤，這種謬誤甚至成爲一種文化枷鎖，壓抑我們內心許多眞實的渴望，阻止我們前行。因此，我們有必要從本質上來理解利己主義，才能擺脫傳統偏見帶給我們的沉重束縛。

利他的本質就是利己

一九七〇年代，當時還只是牛津大學講師的理查．道金斯發表了著作《自私的基因》（*The Selfish Gene*），這本書引發生物學界的一場大革命。它的出版是繼達爾文進化論之後，給自以爲獨特和尊貴的人類又一記重擊，再次徹底顚覆了我們對自己的認知。

道金斯在《自私的基因》中的突破貢獻在於，他讓我們認清了一個事實：人類不過是基因自我複製的工具，正如英國作家塞繆爾．巴特勒那句經典描述：「母雞僅僅是一個雞蛋製造另一個雞蛋的方式。」我們存在的意義只是爲了幫助基因完成複製。這個發現讓人難以接受，卻是無可爭辯的事實。

在此之前，我們的理解是：基因的存在是爲了讓生物體得以繁衍，因此基因是爲我們服務的。而眞實的情況卻恰恰相反，我們是基因製造出來爲它們服務的，它們才是主角。

死亡則是基因自我進化的重要機制，經由生物個體的死亡，基因得以持續優化。正因如此，永垂不朽的是基因，而不是人類。

道金斯由此得出重要的觀點：人天生是自私的。既然基因是自私的，它只在乎自身的複製，那麼人類（也包括所有生物）作爲基因的載體，我們的使命就是體現自私的基因，因此人類進化獲得的一切本能，都是爲了增加自身基因存活率或基因複製成功率。了解這一點很重要，因爲這是理解利己主義和利他主義本質的關鍵。

利己主義眞的是不道德的行爲嗎？要回答這個問題，我們就得深入地理解我們所認爲的道德行爲：利他主義。

利他主義曾是困惑進化生物學家的一道難題。按照達爾文物競天擇的進化理論和道金斯自私的基因理論，生物體都是自私的，進化則是通過生物競爭，讓適者得以生存和繁衍。

然而奇怪的是，自然界中除了競爭之外也存在著利他主義，例如工蜂和工蟻，放棄生育的權利，在其短暫一生中，不辭辛苦、任勞任怨地建造蜂巢、蟻巢，撫育王蜂、蟻后的後代；澳大利亞紅背蜘蛛在交配完後，雄蜘蛛會心甘情願地被雌蜘蛛吃掉，讓雌蜘蛛能獲得更多營養；土撥鼠遭遇掠食者時會高聲喊叫，以警醒族群中同伴逃脫，卻因而增加自身被捕食的危險。

不過演化生物學家最終還是解決了利他與利己間的矛盾，同時成功證明了利他其實是另一種形式的利己。

演化生物學家將利他行爲分爲兩種：「親屬選擇」與「互惠利他」。前者是指與血緣有關的利他行爲，後者則發生在沒有血緣關係的個體之間。

親屬選擇理論是一九六四年由英國演化生物學家威廉．漢彌爾頓所提出，他認爲生物個體會做出對自身有害、卻對其他親屬有利的行爲，是一種自然演化結果。前提條件是，這種行爲能夠增加其自身基因的複製機會。從這個角度來說，工蜂、工蟻的行爲並非無私，而更可能是一種利己行爲，因爲比起自己獨力無奧援的繁殖，幫助姊妹們繁殖能在後代族群中留下更多自身基因的複製品。

互惠利他理論則是一九七一年美國演化生物學家羅伯特．泰弗士所提出，他認爲生物中的施惠者必須能看到大量獲得回報的機會，如果這種機會不存在，施惠行爲便難以進行。因此，互惠利他是以「未來能獲得回報」爲進化基礎，從本質上來說，就是利己主義。

因此，利他主義並沒有我們所想的偉大，它的出現僅僅是因爲它能幫助增加個體自身基因複製機率，而這也再強化了《自私的基因》的觀點：人類不過是基因複製的工具，比起生物體的生存與利益，基因得以複製才是最重要的。

美德是虛構的文化產物

如果說，利他和利己在本質上並無差異，都是基因爲了更好地自我複製而賦予我們的本能，那麼爲什麼利他主義成了美德，而利己主義卻被視爲不道德呢？

事實上，道德並不是存在於自然界的客觀事實，而是文化的一部分，是人類大腦中虛構的信念。文化對於人類的發展極其重要，它使我們超越生物的限制，並最終與其他生物體區別開來。然而文化既非憑空出現，也非固定不變，而是有其自身的演化規律，並與人類社會的發展相互影響。

道德作爲一套價值觀體系，告訴我們什麼是好、什麼是不好；什麼能做、什麼不能做，以此規範我們的行爲。而區分行爲好壞的標準則是看這種行爲是否有利於社會發展。如果某個行爲有利社會發展，那麼它會在文化的演化過程中獲得讚揚；相反的，如果不利社會發展，那麼文化會以譴責的方式來抑制它。

利他主義在所有文化中都被視爲美德，就是因爲它在人類社會發展過程中，扮演了至關重要的角色。儘管人類有利他主義的生物本能，但這種本能無法演化成高級的社會型態，因爲社會發展須憑藉陌生人之間的大規模分工合作，這當中仰賴的是信任，而這與人性是相悖的。那麼爲了進步，人類社會必定存在著能增加彼此信任的文化。如此一來我們就不難理解，為什麼所有的宗教和文化都無一例外地反對利己而讚美利他，因為利他能增強人類彼此間的信任，利己則會破壞這種信任。

利己是新時代的美德

在漫長的人類歷史中，利己主義一直被視為不道德而受譴責，然而十八世紀的英國卻出現了這樣一個人物，他公開讚美利己主義，並看作是經濟的原動力，這個人就是經濟學鼻祖——亞當．斯密。

亞當．斯密認為經濟發展依靠的是利己主義，而非同情心或利他主義，因為利己是人類的本性，當人們為了實現自我利益最大化而做出選擇時，一隻「看不見的手」就會出現，它能推動經濟發展，促進社會的繁榮與進步。

每個人只關心自己的利益，但在此一過程中實現了社會整體利益增加的結果：麵包師傅、水果攤販、商人提供食物和用品，都是出自利己的盤算，卻滿足了所有人的需求。

亞當．斯密最大的貢獻之一在於，他把人類從賺錢和利己的罪惡感中釋放出來，讓人們在利己的支配下努力勞動，世界經濟也因而有著突飛猛進的發展。毫不誇張地說，我們每天所享用的一切物質文明，都得益於人類的利己主義。

同樣的，利己也是公司和個人發展的原動力。我們爲別人工作時的動力遠沒有爲自己工作時的動力大，別人的夢想也永遠無法像自己的夢想一樣讓我們激動興奮。公司想走上更好的道路就必須承認並接受此一法則，因爲當公司限制員工追求個人發展時，也同時奪走了他們的工作動力，抑制了他們的潛力。聰明的老闆一定懂得如何讓公司利益與員工利益保持一致，這樣一來，當員工拚命爲自己努力時，公司的利益才可能朝最大化發展。

我們完全沒有必要因爲自己的利己之心感到愧疚，因爲我們只有在爲自己努力時，才會擁有最強大的動力，並因而激發所有潛能。利己與利他從不衝突，它們是人性的兩面，都是爲了人類變得更好而存在。

小心！倖存者偏差

成功學最早可以追溯到二十世紀初，當時風靡了歐美、東南亞、中國大陸及港台各地。成功學主張：成功是有方法、可複製的，只要努力，對自己有信心，照著方法做，就一定會成功。儘管現在越來越少人會買所謂成功學的書來讀，或是去參加收費數萬元的成功學大師課程，但成功學仍以另一種形式影響著現在的人們。

對這些標題，我們可能都不陌生：「快速成為文案高手」「二十一天學會手繪」「如何一天看完二十本書」「從月薪三萬到月薪三十萬」「普通人如何利用零碎時間學多國語言」……這些類型文章在我們日常生活中比比皆是。雖然沒有直接的名利誘惑，也未標榜知名成功人士，但其本質與成功學並無區別——都是功利性目的，強調速度與捷徑。

成功學的核心就是急功近利式的模仿，不在乎過程，注重迅速達到目標。前述的目標要不是間接地與金錢掛勾，即是以一種與眾不同和超越平庸的模式滿足虛榮心。這都很類似事業上的成功所帶來的心理感受，卻更容易達到。

實際上，無論是過去標榜年薪百萬的經典成功學，抑或如今這種新式成功學，都是有害心理健康的，有人甚至將其列為現代社會的三大毒藥之一。我認為其中的危害主要有兩點：第一，存在嚴重的邏輯謬誤，即便照著方法嚴格執行，也不會達到期望的結果；第二，造成價值觀的扭曲，一切以結果爲導向，忽略了過程和背後的目的。

成功的謬誤

有一年，全國有一千人發現這樣一個事實：市場上還沒有一款社交軟體。無論從經驗或直覺，甚至嚴謹的市場研究報告，他們最終都得出一個結論：這是一個很好的機會點。不過，一千人當中只有一百人邁出了腳步：構思產品方案、主動尋找投資人，最後有二十人成功拿到了資金。然而其中有十個團隊在開發階段即告陣亡，剩下的十個團隊開發出了產品。這些產品從功能到設計都很類似，但只有其中一個團隊搶占市場先機，其產品也爆發式成長，並因而獲得媒體關注，緊接著更多資金向他們湧來。就這樣，他們開創了國內第一款社交軟體。當他們被媒體問及成功祕訣時，毫不猶豫地把成功歸於敏銳與堅持。人們一聽之下立馬熱血沸騰：原來這樣就可以獲得成功！

當然，這是一個虛構的成功故事，卻反映了世界更眞實的一面。我們平時眼見的世界與眞實世界存在著很大的差異，其中很重要的一個原因在於「倖存者偏差」。

「倖存者偏差」是一種常見的邏輯謬誤，指的是由於日常生活中更容易看到成功、看不到失敗，會讓人大大高估了成功的機率，我們所看到的都是被過濾後的案例，它反映的並不是眞實世界。

以前述的故事來說，我們只看到了經歷殘酷抉擇最終勝利的團隊，卻不知過程中曾經存在著成千上百個類似的團隊。因此眞實的情況是，成功的機率非常小，正如一位知名投資者所言：「創業失敗是必然，成功才是偶然。」

幸運的成功者很難意識到自己的成功不過是一種機率現象。即便知道，他們也不會把成功歸結於運氣，而會總結出大量的經驗與法則。然而事實是，這些既非成功的必然條件，也不一定適用於所有人，即使人們認眞地按照方法嚴謹執行，也很難達到所期待的結果。所以建議，各位成功者的故事還是少聽爲妙，因爲實在是太少値得借鑑的價値，反而讓人更加急功近利。

成功的危害

對成功的渴望會極大地刺激我們的虛榮心，因爲成功意味著財富與地位，還能帶來鮮花與掌聲。然而，人們一旦開始爲虛榮心而活，會過於重視結果，用成敗和數據、而非過程和品質來評斷人或事物的價値。如此一來，人們容易忽略世上還有其他値得追求的美好事物，而終日爲欲望所累。

急功近利的人生很難是快樂的人生，因爲這樣的人永遠活在未來而非當下。追求速度與捷徑會讓我們忽視過程，錯把結果當成目的，但眞正讓我們快樂的不是目標達到的那一刻，而是在過程中能找到樂趣與意義。

哈佛積極心理學教授塔爾·班夏哈在著作《幸福的魔法》（*CHOOSE THE LIFE YOU WANT: 101 Ways to Create Your Own Road to HAPPiness*）中就詳細解釋了這一點。他在書中指出重點在於「擁有目標」，能否實現則在其次。目標帶給我們方向感，不致在人生路途中迷失，其中重視過程的意義大於結果。心理學家大衛·華特森在積極情感作用的研究中也強調，追求目標而非只求達到目標，才是帶來幸福和積極情感的要素。

然而並非所有目標都會帶來同樣的幸福感，目標的選定也十分重要。

心理學研究顯示，以追求金錢、美貌和聲望爲主的外在目標很難帶來幸福感，因爲這些目標大多是以他人爲中心，爲了博得外界的認同與讚美；相反的，以自我成長爲主的內在目標會帶來更大的意義和幸福感。

如果你的目標是年薪一百萬、每年讀一百本書，或爲了出書每天寫一千字，它們帶來的可能是更多的焦慮和難以熄滅的欲望。但如果把這些外在目標轉化爲內在目標，例如讀書來提升自身內涵，或發表文章分享自己的思想與價值觀，就可能在追求目標的過程中同時享受成長的快樂。

追求優秀，成功隨緣

關於優秀，中國當代學者周國平給出了很好的解釋：「讓上天賦予你的各種精神、能力獲得成長，智、情、德全面發展，擁有自由的頭腦、豐富的心靈和高貴的靈魂，這樣你就是一個在人格意義上優秀的人，同時也擁有了享受人生、幸福的能力。」

周國平在一次演講中提到，年輕人在爲自己設立人生目標時，應把優秀視爲第一目標，成功最多是第二目標。他認爲優秀掌握在我們自己的手中，可以藉由努力獲得，而成功則取決於無數外部因素。積極心理學家在做了大量關於幸福的研究之後，也將個人的優秀擺在十分重要的位置，他們認爲只有追逐優秀才能帶來長久的幸福。

一個明智的人應把精力放在那些自己可掌控的事物上，儘管優秀無法保證能獲得社會意義上的成功，但追求優秀的人藉由充分的自我發展，生活充實而富意義，從某種角度來說也是一種成功，而這種成功無需他人或社會來認同。

壓力與思考的悖論

我曾邀請一個在中東旅居多年的朋友參與我當時在做的專案，讓她根據自己對杜拜的理解，設計一條城市漫步路線。一週之後，我問她設計進度，她說最近剛好遇到特別忙的過渡期，除了搬家等瑣碎事務，還得爲接下來的工作做準備，實在靜不下心來想這件事，又不想隨便應付，所以還未動筆。

從她的回應中，我能聽出些許的內疚感，但我也十分理解她的狀態，並支持她的選擇。因爲我明白這種極需靈感和創意的工作，在焦慮緊張的情況下是無法完成的。最後我告訴她不急，等到有閒暇時再想就好。

麻省理工學院人文教授休斯頓．史密士寫過一本書叫《人的宗教》，開篇講的就是印度教。在我看來，印度教可說是東方哲學的核心與起源。但是有個問題我一直想不明白，爲什麼如此偉大的智慧會在印度這塊土地上誕生？直到涉獵更多印度文化後，我發現這和其嚴格的種姓制度有著非常直接的關係。

印度的種姓制度把人按社會功能分成了四種階級：第一等級叫婆羅門，多爲僧侶、貴族；第二等級叫刹帝利，爲軍事貴族和各級官吏；第三和第四等級分別爲吠舍和首陀羅，他們主要從事農、牧、漁、獵等職業。作爲最高等級的婆羅門，在印度社會有著精神領導的作用。在其他社會，對應的應是宗教領袖、思想家、哲學家或科學家，然而他們之間的不同在於，婆羅門幾乎不需參與任何日常事務，他們受到整個社會的保護和供養，爲的是讓他們有足夠的時間進行從容的內省，以免淪於各種瑣碎事務中。我猜想，正是因爲印度這種獨有的種姓制度，爲婆羅門創造了一個不受干擾的純淨環境，他們才能把所有的精力投入在自省和更多思考，爲印度文化提供了源源不絕的智慧。

婆羅門雖是一個極端例子，卻說明了一個重要的道理：人必須擁有足夠的閒暇時間，才能進行深入的思考和創作。

心理學家相信創造力需要一個重要條件，就是要有足夠的時間讓腦中的神經元自由連接。創造力來自儲存了不同資訊的神經元發生了連接，這種連接很偶然、也很隨意。大腦在不需集中注意力時就會處於這樣一個放鬆、隨意遊蕩的狀態，很多無意間迸出的新想法，其實都是來自無數神經元的任意連接。

愛因斯坦曾經把創造力稱爲「組合遊戲」，平時並未相互聯接的神經元若偶然碰撞在一起，很可能會產生意想不到的奇妙效果。相反的，若一個人長期處於緊張、焦慮或高壓狀態中，大腦會因爲受壓抑而失去創造力。

科學研究已經證實，控制與壓力是創造力最大的敵人。哈佛大學企管教授泰瑞莎．

艾默伯曾在《哈佛商業評論》發表了一篇名爲〈槍口下的創造力〉（Creativity Under the Gun）的文章，文中指出：「槍口下的創造力，通常都會遭到槍斃的命運。儘管時間壓力可使人們做得更多，也可能讓他們更有創意，但實際上，壓力下的創意水準都是比較低的。」因此可以斷定的是，一個永遠處在壓力和忙碌中的人，很難眞正成爲一個思考者或創作者。

從某種意義上來說，生活的留白就是爲大腦創造一個不被打擾、沒有壓力、能自由想像與思考的悠閒時刻。此時的身體處於休息狀態，但大腦並沒有休息。事實上與睡眠類似，睡眠讓我們的身體得到充分休息，然而大腦其實正忙於加工白天獲得的資訊。過程中，大腦會梳理近期形成的記憶，鞏固、整合資訊，使它們變得更有用，還可使記憶免受其他資訊的干擾，實現更有效的記憶。

所以，儘管生活留白的時候，我們看似無所事事，其實大腦中的神經元正忙得不可開交，爲新想法和新思路的出現提供必要的條件。

我一直把「讓生活留白」看成一項重要的人生準則。大多數朋友以爲我生活忙碌，因此很少接受邀約，其實不然，我只不過是刻意把時間保留給自己。相較於他人，我最大的優勢就在於：想像力豐富、善於思考和創造。爲了讓這種優勢得以發展，我不能讓自己處於忙亂的生活狀態，當日常事務消耗的精力越多，創造力就越弱。爲此我盡可能地簡單生活：不要擁有太多物品，保持生活空間簡潔有序；不陷入瑣碎的日常事務中，釋放更多大腦空間來進行思考和創造。

回想過去幾年，我人生中經歷的兩個重要轉捩點都發生在閒暇時期：一個是從美國商學院畢業後，在州政府工作的時期；另一個是二〇一三年辭職休息的五個月期間。在州政府工作的清閒時光給了我很多探索自我的機會，也才有機會創辦各種社團；而辭職休息的五個月則讓我擁有大量的閱讀和思考空間，也因爲那段時間的沉澱，才走上了寫作這條路。

很多時候，我們就是在這種悠閒、無目的的探索中認識自己。《反脆弱》作者塔雷伯認爲，任何事物的發展都離不開隨機的自由探索，而這種自由探索必須要有足夠的閒暇時間。

TED上有個演講叫「休假的力量」，演講者斯特凡是一位知名設計師。他在演講中提到，每隔七年，他會關閉紐約的工作室，花一整年到世界各地度假，以恢復創作靈感。

他認爲自己的成功和這種工作方式有很大的關係，這使得他維持源源不絕的創造力。

爲了保證公司的創造力，三星曾推出一項名爲「自我啓發休假」的員工福利政策，允許到職三年以上的員工安排多達一年的語言進修或長期海外旅行。想必這就是Gap Year[2]背後的邏輯和流行原因——一段時間的放鬆和休息能讓你獲得意想不到的靈感，成爲日後創造力的基石。

然而，我們身處的文化視努力和勤奮爲美德，把忙碌等同於創造。因此，凡是具上進心的人都會傾向處在忙碌而非悠閒的狀態，而大部分公司也更願意看到員工保持忙碌的工作狀態。也因此無論在工作或生活，我們都很難讓自己成爲一個擁有獨立思考能力和創造力的人。

於是一個有意思的現象出現了：大家逐漸擅長於把簡單的事複雜化，然後再花時間去處理這些人爲製造的新問題，僅僅是爲了顯得很忙碌。工作之外，我們用各種零碎資訊塡滿大腦，以爲新資訊的輸入就是在學習，只要持續忙碌，就是在利用時間。

2 空檔年，在歐美原指高中畢業後成為大學新鮮人前的空檔，現已延伸為年輕人暫時休學或離職到世界旅行，開闊視野的時光。

實際情況眞是如此嗎？

哈佛終身教授穆來納森曾經做過一項「人在資源稀缺狀況下的思維方式」的研究，結果顯示：窮人和過於忙碌的人有一個共同的思維特質，即注意力被稀缺資源過度占據，引起認知和判斷力全面下降。忙碌的人因被各種資訊襲斷注意力，容易忽視身邊更重要、更有價值的因素，也沒有精力去思考和安排更長遠的發展，結果造成心理焦慮和管理危機。

未來的競爭力在於創造力和解決問題的能力，而這些能力是一個永遠處於忙碌的大腦很難具備的。

聰明的人懂得做正確的事與正確地做事之間的區別，也明白前者才是成敗的關鍵，因此，他們會給自己足夠的時間和空間去思考什麼是正確的事，再去正確地做這些事。他們懂得給大腦營造一個放鬆和安靜的環境，自由思考、整合和創新，又懂得把思考結果和想法轉爲現實。

想成爲一個更有創造力和價値的人，或許我們應率先擺脫終日忙碌的狀態。在如今的世界，忙碌不再等同高效率，也不意味著有價値的產出。另一方面，遠離那些如潮水般湧來的零碎資訊，給生活留白，給大腦多一些隨意遊蕩的時間，讓自己在愛好中再迷失久一點，才能走得更寬，行得更遠。

「內聖外王」的人生哲學

「內聖外王」一詞最早出自《莊子．天下篇》，意思是內具有聖人的才德方可對外施行王道。指的是道德與政治的結合，亦即「內聖」是「外王」的前提和基礎，「外王」是「內聖」的延伸和結果。「內聖外王」可謂古人理想的人格觀和處世哲學，在「四書」之首的《大學》中體現得淋漓盡致。

儘管我不是儒家的信奉者，也從未深入研讀儒家經典，卻對「內聖外王」的思想十分認同，也一直把克己修身作爲最重要的個人目標，而這個思想也是整本書的核心。我始終認爲外部生活是內在思想、價值觀、品德和學識的體現，一個意志堅強、博學多才、內心安寧的人，他的生活和事業儘管不到名利富貴，至少內在是充實且富足的。

「內聖外王」也可以解釋爲一種發展規律，也就是內在體現外在。這種思想對於商業和個人發展都極富意義：從商業上來看，在這個時代只有把產品、服務和內容做好，才有脫穎而出的可能；而對於個人，「我是誰」決定我將擁有什麼，還能吸引志同道合的夥伴，以及更多事業發展機會。

在這個什麼都過剩的年代，大衆將更加渴望眞正有品質、內涵和價值的事物，而高度發達的社群網路讓這些事物更容易脫穎而出。

成爲一個價值

曾有人問我：「創業成功最關鍵的因素是什麼？」這個題目，見仁見智，但我一直堅信，創辦人及核心團隊的精神與人格魅力才是最關鍵的因素。無論是大企業或小公司，本質上是一樣的。無非就是爲了達到某個商業目標聚集了一群人，分工協力，共同完成階段性目標。不久的將來，管理將變得越來越不重要，特別是當「90後」躍爲主力軍的時代。

優秀的企業，是因爲它能創造出一個擁有核心精神和相互信任的環境，並且能激勵當中的每個人發揮實力。因此，創辦人最重要的作用並非制定戰略，也不在管理，而是成爲企業文化的象徵，創辦人的價值觀、信念和品德就是公司的文化。德才兼備的人永遠是最具魅力的人，只有這樣的人能將優秀、具相同價值觀的人才吸引進團隊，並讓這一群人的價值得以實現。

我的產品是什麼？

所有計畫未來離開職場，想獨立做些事的人，都必須開始思考：我的產品是什麼？這裡所指的產品可以是實體物品，也可以是虛擬服務，甚至知識等內容商品。正如管理在企業營運中的價值越來越低，市場行銷和客戶經營在產品銷售的作用也越來越小，因為最好的行銷應該是產品和服務本身。產品若好，那麼喜歡它的用戶自然會忍不住主動分享，制式的行銷方式只可能達到推波助瀾的作用；而品質不佳或不符需求的產品，不管花多少精力推廣，都很難改變最終的命運。

然而，無論做出怎樣的產品，都是一種智慧和才能的展現，你的學識、遠見、審美和價值觀決定了它們將以何種形式呈現，同時決定了會被吸引的用戶群，以及與用戶間的情感聯結方式。因此永遠不要只把希望寄託於行銷，只有當自己有了對市場需求的深刻認知，並把品質和價值放在最核心地位時，才有可能做出經得起考驗的產品。

「你」比人脈更重要

過去流行一句話：「你是誰不重要，重要的是你認識誰。」然而在如今社交氾濫的年代，或許我們可以改成這樣：「你認識可能重要，但你是誰更重要。」

我在社群經營上做得非常成功。剛從美國回北京時，幾乎不認識什麼人，但不到一年的時間，我藉由舉辦論壇活動，迅速累積大量人脈。這些人脈是我日後發展很重要的資本。幾年後，微信和臉書的出現把所有人交織在一個複雜又龐大的社交網路，而當認識他人變成了一件極其容易的事，似乎誰都認識幾個大有來頭的〇〇〇時，人脈彷彿不再是一種特殊資源，而是回歸本質，當你沒有他人所需的價值時，無論如何迎合都是毫無意義的；而唯有你是個眞正「有料」的人，機會自然就會找上門。

來自生活的美好回應

「內聖外王」帶給我最美好的回報，莫過於和諧融洽的家庭關係。在我的鼓勵下，父母親也逐漸有所體會，並各自從事喜好來提升個人修養：父親學習書法、國畫和篆刻，母親學起了鋼琴和聲樂。當家族每個人的精力都放在發展自己的愛好與才能時，那些雞毛蒜皮的爭吵也越來越少，取而代之的是鼓勵與讚美。我和父母親的共同話題變多了，而他們也慢慢理解並支持我。

當我專心致志於個人成長時，我發現世界也在以積極美好的方式回應我。不僅生命中的重要關係獲得了改善，還擁有許多欣賞、理解和支持我的朋友，更因彼此欣賞而結識優秀的合作夥伴，機會紛紛向我湧來。

每當生活不如意，我們總想藉由改變周圍的人事物來改變現狀，然而眞正的解決方案其實在自己身上。想改變他人最好的方式，就是改變自己；而想讓生活變得更好的方式，則是讓自己變得更好，一如甘地的名言：「Be the change you want to see in the world.（欲改變世界，先改變自身）」。

最後附上《大學》節選，供各位閒暇時細細品讀：

大學之道，在明明德，在親民，在止於至善。知止而後有定，定而後能靜，靜而後能安，安而後能慮，慮而後能得。物有本末，事有終始，知所先後，則近道矣。

古之欲明明德於天下者，先治其國；欲治其國者，先齊其家；欲齊其家者，先修其身；欲修其身者，先正其心；欲正其心者，先誠其意；欲誠其意者，先致其知；致知在格物。物格而後知至，知至而後意誠，意誠而後心正，心正而後身修，身修而後家齊，家齊而後國治，國治而後天下平。

自天子以至於庶人，壹是皆以修身為本。其本亂而末治者，否矣。其所厚者薄，而其所薄者厚，未之有也！

Chapter

3

成長，請先折磨自己

人在思考和增強意志力時，會消耗大腦的能量，
所以它會極力抵抗。
成長，就是在享受大腦超載並與其對抗的過程。

天賦的啓示

平日我們經常會聽到例如「自我實現」「發掘自我潛能」「做最好的自己」「成爲本應該成爲的自己」……這樣的話。我們常常以此激勵，不過它的作用似乎也就只停留在激勵這個層面，很難帶給我們更多啓發。主要原因是，其中關鍵字彙的含義十分模糊，什麼叫「自我」？又該如何實現「自我」？「本應成爲的自己」是什麼模樣？「潛能」指的是什麼呢？只有解答了這些疑惑，所謂激勵的話才具備眞正的意義，而不僅止於勵志名言。

值得慶幸的是，現今科學的發展已經可以幫助我們解答這些疑惑，不過這還需要仰賴另一個重要問題的答案，這個問題是：人的發展是由基因（先天）還是環境（後天）所決定？

這是一場長達百年的爭論。以英國人類學家法蘭西斯．高爾頓爲代表的「基因」論者認爲，遺傳是影響孩童的關鍵因素，一旦確定了先天特徵，孩童的生活環境鮮少能對其未來發展產生作用；以美國心理學家約翰．華生爲代表的「環境」論者則相信，只要具備相應條件，孩童可以被塑造成任何一種類型的成人。因爲人類的行爲都是由後天學習，環境決定了一個人的行爲模式。

大量科學研究也證實了遺傳的重要性，例如人的樂觀與否、胖瘦程度、智商高低、語言能力等等都與基因有關，也就是說人與人之間確實存在著天生的差異。然而研究同樣證明了環境是基因能否表達、或如何表達的關鍵因素。

科普作家、牛津大學動物學博士馬特・瑞德利在著作《天性與教養》（*Nature via Nurture: genes, experience and what makes us human*）中，對這場百年之爭做了詳細的論述。他的結論是，人類的成長既非完全由基因決定，也非完全由環境或經驗決定，而是基因和環境的協同作用。基因是由條件所引導，就好像它們內在有著「如果……就……」的邏輯：如果提供一個特定環境，就會以某種特定的方式發展。也就是說，基因會根據不同環境呈現不同的發展模式。

如果某人擁有一個「壞」的基因，它必須在相應的「壞」的環境中才會表現出來；同樣的，如果一個人具有某種天賦，他也必須處於足以使其發展的環境，才能展現出這種才華。莫札特之所以能成爲偉大的音樂家，首先是他出生於音樂之家，父親本身就是知名音樂家，以及他從四歲起就開始練琴。若沒有後來的孜孜矻矻，莫札特絕不可能取得那麼高的成就。

理解了基因與環境的關係，我們便能更深刻地理解自我潛能和天賦，也可以對自我實現做出科學的解釋。

每個人天生擁有一套基因，這套基因是個人發展的基礎，它決定了你在某些特定事上能做得比別人更出色，而在某些事上可能會不如別人。所謂的「本應成爲的自己」就是指我們所擁有的基因，而潛能和天賦便是我們在基因上的優勢。

然而，擁有某種優勢的基因並不意味著就一定能體現出這種優勢，它還需要給予能使其發展的外在條件。因此發掘潛能指的是發現自己天生的優勢，而自我實現則是讓這些天生的優勢最終表現出來。

那麼，我們該如何知道自己基因上的優勢呢？

首先可以審視自己，是否具有某種特定的傾向與渴望？有時候我們在年幼時就會察覺；再來，是否曾接觸某件事時發現自己比別人更擅長？

以我的例子來說，我很小的時候就喜歡拿著鉛筆在紙上塗塗畫畫，並且能一個人長時間安靜地看書，父母也因此買給我更多的書，並送我去才藝班。上了小學之後，我開始在一些競賽中獲獎，並創作了幾本童話故事；而我在英語上的天賦，則是在第一次接觸英語的時候，就發現自己能很快琅琅上口，發音也很正確，於是我就瘋狂地愛上了英語，並主動尋找練習素材，每天花大量時間朗讀，英語口說也從此成爲我最突出的一項能力。

事實上，我們所擁有的基因將預設我們傾向經歷某種環境，因爲基因會產生對有助其表達的環境的渴望。

學者曾認爲父母對形塑孩子個性發揮了很大的作用，但越來越多證據顯示，實際的情況是孩子影響了父母，因爲父母會根據孩子所表現出的特定傾向而提供相應的環境。例如，孩子具備智力上的優勢，這種優勢會以求知欲的形式展現出來，這些孩子會更喜歡讀書，父母也因此買給他們更多的書。

不過，基因影響的僅僅是欲望，而非能力。欲望會讓你願意在一件事花上大把時間，自然時間久了，能力也就更強。一如瑞德利在書中所說：「那些渴望練習無數小時的人，正是那些對某方面有天賦並渴望練習的人。」因此，發現基因優勢的最重要的方式就是：聆聽內心眞實的渴望，這也許就是基因想表達自己的體現。

現代教育的最大弊端就是忽略人與人之間的基因差異，把每個人置於相同的環境，以智力作爲唯一的評價標準。

人在智力上確實存在著差異，但那些在智力上不具優勢的人很可能存在著其他的潛能與天賦，然而卻因遇不上合適的環境而無法獲得發揮。更糟糕的是，還可能會因成績上的挫敗而產生自卑感。

現代社會中，以金錢、地位爲主要追求目標的偏狹價値觀，以及「一個人只能做好一件事情」的舊有觀念，會讓很多人忽視自己的獨特之處。

基因帶來了各種可能性，然而最終我們能「成爲誰」則取決於環境。擁有某種潛能和天賦，最終卻無法自我實現，可說是我們人生中最大的遺憾。

瑞德利的著作給我們帶來的最大啓示就是：我們無須和他人比較，也無須依循外在的標準來限制自我發展，因爲人與人從源頭開始就存在著差異。作爲父母或教育者，我們不應只想著塑造孩子的個性，而應對其天賦本性做出回應，創造出讓其基因自由表達的環境；而作爲成熟的人，我們應尊重內心自我表達的意志，主動嘗試、探索，發現自己的才能，讓它走入你的生活或職業。

最後，我們應該已經能更明智地區分別人和自己的人生了。美好的人生，來自於懂得欣賞和發展自己的獨特，並使其獲得充分發揮。

記住，成爲那個原本應該成爲的人，而不是社會或別人想要你成爲的人。

累積優勢

朋友都很好奇我剛離職那段時間的狀態。他們想知道我如何迎向前途未卜時的焦慮和恐慌，因爲我的辭職是一個突然的決定，還未安排下一步的計畫。但實際的情況是，我完全沒有經歷這樣的迷茫期，因爲還沒等到我開始焦慮，機會已經找上門了。

我原本打算在離職後，把所有時間都投入在讀書和寫作上，這時碰巧一位在學校任教多年的好友考慮離職創業，想邀請我合作一期英語口說線上課程。這個提議倒給了我新的靈感，我意識到一個已被自己忽略許久的優勢和技能：英語。

如果將英語能力和移動網際網路經驗結合，就能激發出更大的商業價值，讓更多人能超越地域限制，以低廉的價格享受優質學習資源。於是，我們一拍即合，合作打造了一款線上口說直播課程，並迅速招募到近兩百名學員，我也因此獲得了自己事業上的第一筆收入。

「英語好」是我從中學以來最突出的個人優勢。學生時期，我一直擔任英語課小老師，並獨攬了學校所有英語比賽冠軍；高一那年，我自編、自導、自演的英語音樂劇獲得當年競賽最大獎；大學時期，同學們紛紛靠家教賺錢，我則在貿易展接一些口譯的工作，還在女子十二樂坊和EMI唱片合作出專輯期間幫忙做翻譯；畢業後，我的第一份工作是企業英語培訓師，收入是其他同學的一倍，上課時有座車接送，還能接觸各行業菁英；一年後，我以托福六三三分和GMAT七二〇分拿到全額獎學金去美國念書。

我承認自己是幸運的，僅僅靠著英語的優勢，就擁有了許多同齡世代沒有的機會。但這種「幸運」完全是靠努力換來的。

我出生在一個普通的家庭，小時候教育資源有限，並未受過英語能力指導。於是，我只能靠自己了：初中開始，我養成了朗讀的習慣，開學不久就把課本背得滾瓜爛熟，幾乎每篇文章都能不假思索地脫口而出，課本讀完了，就去買坊間知名參考書繼續讀。那個時候的我，絕對可以用瘋狂兩個字來形容，因爲我每天都一個人喃喃背著各種英語課文和句型；大學期間，我依然保持晨讀英語的習慣，早上一有時間就跑到宿舍樓下的公園大聲朗讀，晚上則躺在床上聽歐美電影原聲帶；大三那年，爲了進一步提升英語水準，我利用暑假期間參加口譯集訓，每天八小時以上的高強度聽說訓練，之後又花了一年聽美國之音，直到口說與聽力毫無障礙。

我這樣投入在英語學習差不多有十年的時間，儘管當時還沒有自我投資的意識，純粹只是喜歡並獲得成就感，但現在看來，卻是一筆非常明智的「投資」。因爲它的確帶給我不小的回報：省去了留美學費，擁有一項能賺錢的技能；更重要的是，打開了一扇通往世界的窗，讓我毫無障礙地汲取知識，與人交流。

///

投資或消費，表面上看來都是現金或資產的消失，然而不同之處在於：投資標的是爲了未來收益，是一種增值；而消費是花錢，是爲了某種實用價値或即時享樂。例如買紅酒，有些人買酒是爲了喝，有些人則是爲了等酒升值後再賣出，前者即爲消費，後者則是投資。

當然，我們通常談論的投資和消費都是指金錢上的，但是從時間利用的角度來看，也有投資和消費的區別。

時間不等人，每一分鐘的逝去都無法重來，然而消逝的時間究竟是投資抑或消費，在於它是否產生了收益，這種收益大多以個人的人力資本增加爲表現形式，而人力資本最終都可以變現。舉例來說，如果你把下班之後的時間用來追劇，那麼這就是一種消費，因爲不會給你帶來任何未來收益；但如果你把時間用來學習技能，就是一種投資，因爲換來的是自我能力的提升，未來更可能產生收益。

如果說英語是我第一次成功的自我投資，那麼寫作就是我第二次成功的自我投資。在英語學習上，我也許存在著天賦，天賦激發了興趣，而興趣讓我始終保持著學習的熱情；然而寫作不同。對於理工出身的我來說，寫作是很不擅長的領域，我過去也從未對寫作產生興趣，更談不上熱愛。

我開始寫作的動機很單純：因爲喜歡思考。想法多了之後，內心慢慢出現了一股強烈的書寫欲，於是嘗試著把想法拙劣地寫出來。藉由寫作，我能仔細梳理在思考過程中閃現的各種靈感，並加以邏輯和系統化。所以，讀書、思考和寫作變成一種相輔相成的過程，寫作也因此成爲我日常生活的習慣。

我很慶幸當初邁出寫作這一步，並堅持了下來。因爲寫作帶給我的收穫與回報遠遠超出想像，更重要的是，它讓我擁有擺脫公司束縛的資本。而其中最重要的收穫並不是社群的粉絲人數，而是個人技能、知識結構和思維體系上的大幅躍升，這些成長才是粉絲之所以存在並繼續支持我的原因。

不過從另一個角度來看，社群確實起到了鼓勵的作用。爲了確保持續、有價值的輸出，我需要大量、高品質的輸入。不斷深入思考將我領入現代科學的大門，我開始對宏觀歷史、社會科學，甚至是現代物理產生了濃厚的興趣。

在這種力量的推動下，我慢慢搭建起自己的知識結構，並試圖理解人事物的本質和發展規律。寫作又讓我將知識進一步內化，並最終形成了自己的思想體系和人生觀。許多志同道合者被我的思考與文字吸引而來，他們的認同與支持成為我人生路上的重要基石。

///

關於自我投資，我們需要有三個重要的認知：

第一，所有的投資都無法立刻產生回報，需要經歷一段投資期；第二，勤奮比天賦更重要；第三，自我投資的關鍵在於時間累積，不在於何時開始。

浮動的現代社會讓很多人失去耐心，學什麼都求快，速成最佳。但是大多數人沒意識到，所有能快速獲得或能用金錢換來的，都無法成為個人的核心競爭力，只有那些得花上足夠時間換來的事物，才可能納為自己的核心優勢。

你花了那麼多時間，別人要達到同樣的水準也需要花那麼多時間，因此你將永遠領先於沒有花時間的其他人。所以要知道，不用花時間就能獲得的「技能」，是不值得追求的。

大部分技能都屬於「長線投資」，需要很長一段時間的投資期才能產生回報——即擁有市場價值。如果你想轉職成爲插畫家，那麼你必須經歷兩、三年沒有任何回報的投資期，才能產出好的作品；而且投入的時間和精力越多，作品品質就越高，未來收益也就越多。

因此，當我們在自我投資時，一定要有投資期的概念，同時盡可能避免浮躁或速成的念頭。

儘管天賦在學習過程扮演著重要的角色，但並不意味沒有天賦就不會有成就。天賦的優勢在於讓你學得比其他人更快，這將帶來成就感，讓你願意花更多時間學習，而花的時間越多優勢便越明顯，由此產生正向迴圈。

眞正的成就，都來自勤奮和努力。即便是莫札特，他的成就也離不開父親從小的嚴格訓練。因此和有天賦的人相比，我們的學習速度沒那麼快，但是只要有足夠的毅力和時間累積，也可以取得一定的成就。

關於自我投資，有人可能會有這樣的疑問：「現在開始投資是不是已經晚了？」這是一個毫無意義的問題，因爲無論答案是什麼，我們面臨的選擇只有兩種：開始投資和不投資。提早開始也許更好，但我們沒辦法回到過去，所以如果現在開始投資，我們在不久的將來就可能獲得回報。

摩西奶奶[1]五十八歲開始畫畫都不晚，我們還那麼年輕，怎麼可能太晚呢？我身邊很多設計師、攝影師、時間管理培訓師，或廚師、烘焙師傅、花藝老師等獨立品牌創辦人，統統是半路出家，他們花了幾年時間學習一門技藝，並在機緣巧合下把愛好變成了志業。

在一次演講後，朋友跑過來對我說：「我眞希望有一天能變得和你一樣優秀。」我立刻回他：「你只看到了今天的我，卻沒看過爲此付出努力的我，如果從現在開始努力自我投資，幾年後你一定能看到一個同樣優秀的自己。」

1 Grandma Moses，1860～1961，風靡全球的風俗畫畫家，為美國藝術史上大器晚成的典型代表。

扒開活埋你的惰性

惰性幾乎是每個人深惡痛絕的東西。它神出鬼沒地潛伏在我們身邊，操控著我們，擋在我們前往夢想的道路上。不管最初的想法多麼激勵人心、計畫多麼完美，惰性總能找到辦法讓一切泡湯。

惰性讓我們喪失活力與鬥志，讓生活變得無趣，美國管理學家弗烈德里克．泰勒甚至認爲：「懶惰等於將一個人活埋。」如果不戰勝惰性，我們可能一輩子就活在它的操控和隨後而生的遺憾之中。

那麼，惰性究竟是什麼？惰性其實並不神祕，它只不過是當需要做事時，心理產生的一種厭惡情緒，這種情緒會對行動產生阻力。奇怪的是，我們需要做的事大多是有益的，或有助於實現目的，但爲什麼會出現厭惡情緒？要理解這點，我們需要從進化的角度先認識我們的大腦。

從結構上來看，人類的大腦與其他哺乳動物大腦最主要的區別，就是擁有了發達的新大腦皮層，我們稱爲「思考腦」，這是大部分思維活動發生的地方。新大腦皮層可謂是上帝賜予人類最好的禮物，讓我們因此擁有了語言能力、抽象思維能力和自主意識。這些能力最終讓我們和其他動物區分開來。

大腦的進化很有意思，它並不是一個新大腦代替舊大腦的更新過程，而是在原有基礎上的疊加過程。因此即便人類已經進化出高級的大腦，也依然保留爬行動物時期的原始大腦，包括：舊皮質（也叫情緒腦）和古皮質（也叫爬行腦）。爬行腦包括腦幹和小腦，是最先出現的腦成分，控制著身體的肌肉、平衡與反射，諸如呼吸與心跳，因此一直處於活躍狀態，即使在深度睡眠中也不休息；情緒腦處於爬行腦和思考腦之間，與情感、直覺、哺育、搏鬥、逃避和性緊密相關，曾是非常有效的生存指導系統，在惡劣環境中，人類正是依賴這種簡單的趨吉避凶原則，才得以生存。

儘管我們有強大的思考系統，可以通過收集、分析資訊，更快速理解和掌控生存環境，做出更理性的選擇，然而我們在大部分情況都是受到情緒腦和爬行腦控制，亦即受情緒和本能的支配。原因很單純，人類進化出新大腦皮層僅僅是爲了有利於生存與繁衍，但思考本身需消耗很多能量，而消耗過多能量對生存是有害的，因此大腦在不需思考時，會自動選擇利大於弊的行動。這就是爲什麼我們會對需消耗大量腦力的事，本能產生逃避心理的根本原因。

例如你現在需要完成一篇文案，大腦知道寫文案是一件十分消耗腦力的事，於是它就開始抵抗，並通過情緒操控你，讓你猶豫，產生惰性，或是用一些輕鬆無需思考的事來誘惑你，例如追美劇。對於大腦來說，核心思想就是「省力原則」，除非逼不得已，否則能不用就不用。

某種意義上來說，惰性是一種出於本能的自我防衛機制，避免我們消耗不必要的能量，因此所謂的「拖延症」就是大腦爲了省力而產生的抵抗。

在進化過程中對我們有利的因素，在今日社會不一定還是一件有利的因素，因爲進化只是基因的進化，基因只在乎一件事，就是複製。可是作爲現代人，我們的存在不只是爲了簡單地生存和繁衍，而是有更高的人生目標和追求。爲了實現這些基因不在乎、對我們卻很重要的目標，我們必須反抗基因的操控，獲得自己的掌控權。

既然惰性是一種抵抗的情緒，那麼對付它的唯一辦法，就是發展出能與之抗衡的另一種力量，這種力量有兩種形式：欲望和意志力。

欲望的課題

我們無須太多經驗就能意識到一個重要的事實：即「想」和「做」完全是兩回事。

爲什麼會出現想做、但不去做的情況呢？原因很簡單，因爲你還不夠想。在這裡，欲望並沒有任何貶義，而是指內在的強烈動機。唯有當我們發自內心渴望完成某個目標時，才可能真正對抗來自基因的強大惰性。

欲望的一種重要體現形式是：興趣。

前面提到，天賦是一種基因自我表達的渴望，它除了讓你在某件事學得比別人快之外，還會讓你對這件事產生極大的興趣。例如，有些人天生對數字敏感，有很強的運算能力，那麼他們可能對數學感興趣，進而主動學習；而對於缺乏這種天賦的人來說，數學是一件很頭疼的事，會本能地抵抗和拖延，在外界看來，就成了懶惰。

因此，克服惰性最好的辦法就是找到原動力，激發欲望，發自內心想去做這件事。然而並不簡單，因爲與很多難以掌控的因素有關，例如基因；另一個有效的辦法就是培養後天的興趣。當你投入一件事的時間越多，就會做得越好；做得越好，就願意在上面花更多時間，久而久之，就會變成你的興趣。然而，在培養出興趣之前，你不得不憑藉另一種力量持續下去，那就是意志力。

意志力的課題

惰性只會在我們做那些沒興趣，也沒強烈動力的事時出現，在這種情況下，我們唯一能與之對抗的武器就是意志力。

意志力可以理解為對衝動、想法加以控制，以及對目標鍥而不捨的能力。心理學家藉由大量實驗研究，得出了關於意志力的重要結論：第一，意志力是一種腦力，每次使用都會消耗人的精神能量。由於意志力和所有腦力活動一樣需要消耗糖分，因此血糖高低會對意志力產生影響；第二，意志力是一種有限的生理資源，每次使用就會受到損耗，使用過度則會感到疲勞；第三，意志力可以通過訓練來進步，如肌肉一般，人們能藉由鍛鍊意志力而讓心靈變得更強壯。

相信對於許多自認缺乏意志力的人來說，這個研究結果是個好消息，這意味著他們完全有機會成為一個高度自律的人——進行有效的訓練來提高意志力，當意志力足夠強大時，惰性自然而然會被削弱。

在意志力的訓練上，我有幾點建議：

首先，訓練意志力須循序漸進，不要一開始就挑戰自己意志力的極限。我時常聽到這樣的例子：有人聽了某個激勵人心的故事，決心要改變，於是給自己安排了許多新計畫，結果沒過幾天統統放棄回到原點狀態。這就是犯了一個典型的錯誤：高估了自己的意志力，因為當意志力還不夠強大時，幫自己安排太多需消耗意志力的活動，自然容易失敗。

訓練意志力最好從**一件小事**開始，例如早起、跑步、朗讀英語等等。在一段時間內只關注這件小事，每當想放棄時，就逼自己再堅持一天，這個逼自己的過程，就是訓練意志力的過程。等到行爲變成了習慣，不再需要消耗意志力時，你就可以增加新的挑戰了。

如果能堅持不懈地持續訓練意志力，久而久之你會發現行動力明顯提升，自律也不再困難了。不過在這個過程中，一定要記住意志力是有限的資源，不要過度消耗，需保持平衡，所以時不時讓自己放鬆，甚至偶爾放縱一下也是必要的。

其次，複雜度或難度大的任務需先分解成不需消耗太多腦力就能理解和執行的小任務，否則意志力再強大也派不上用場。我們常無法如願完成目標的一個重要原因就是：任務難度太大或太複雜，例如學好英語、提升寫作能力、打造知識結構……對於類似的複雜目標，大腦根本不知道如何開始執行，於是就本能地排斥。因此，常常不是我們懶惰，而是我們根本不知道怎麼做。

這時最好的辦法就是分解目標，將其細分成一系列可執行的小計畫。舉例來說，如果你想健身，僅僅告訴自己「要健身」是沒有用的，你需要將這個目標變成可執行的計畫，並分配到每一天：例如五十個仰臥起坐、五十個深蹲、一百下雙搖跳繩等等。接下來你只需靠意志力去執行這些任務即可，達成目標則是早晚的事。一個合理的計畫和執行對於克服惰性和提高意志力很有幫助，我建議每個人都可以盡早開始訂定。本文最後，我會詳細講解我的行動計畫：晨間日記。

最後，不要一開始就追求完美，完美會阻止你著手行動，要知道「開始做」遠比「做得好」重要。完美主義是否具意義，來自你的處境。如果在行動前追求完美，那麼你會因害怕達不到完美而遲遲不開始；只有在行動的過程中，完美才能促使你不斷求進步。許多人都想訓練寫作能力，但即便上了寫作課也無法開始，問他們原因，答案都驚人地一致：怕寫不好。然而問題是，不開始寫、不花時間練習，怎麼能寫得好呢？所以建議各位放棄不合理的期望，這種期望只會給自己帶來無形的壓力，阻止我們行動。

一旦開始行動，就會發現事情並不如我們想像得艱難。惟有邁出第一步，才有下一步的可能；只要邁出了第一步，下一步的阻力就會小很多。同樣的，當一件事因自己或外力中止了一段時間後，一定要逼自己重新邁開第一步。而這又是意志力的課題了。

晨間日記
自我管理的關鍵

想做到自律，除了依靠強大的意志力外，擁有一套合理的行動計畫也很必要。我平常使用的是「晨間日記」，這是我在參考了不少自我管理訓練師的計畫，經過實踐和簡化後，符合我個人生活的管理計畫。

關鍵概念和原則

I

目標、專案與任務

○目標：期望得到的結果或關於未來的設想。
○專案：一系列複雜的活動進程，需要花上一段時間，必須分解成多項任務才能完成。例如編個人雜誌、註冊公司。
○任務：多指只需簡單幾步驟就能迅速完成的事，例如繳卡費、訂機票。

原理

區分目標、專案與任務很重要，因爲我們的大腦只知道如何完成一個任務。例如繳卡費，大腦會很清楚地知道我得先確認費用，然後把錢轉進信用卡裡。然而，面對一個複雜的專案，例如寫一本書，大腦就完全不知道如何下手。當大腦不知道怎麼做的時候，它的直覺反應就是逃避。因此，所有的專案都需要分解成大腦能夠理解的簡單任務。

原則

○如果目標不明確或不實際就毫無意義，例如要幸福、要成功。

○時間設定不要超過一年，最好以「季度」爲單位。別忘了這個時代的主題是「變化」，環境變得快，想法變得更快。

○目標一定要分解成專案，專案再分解成可執行的任務，否則目標永遠只是目標。

II

活動類型

○生產類活動：能夠直接或間接創造收入的活動，例如工作、學習、商務社交等。

○維持類活動：保持身體機能和個人生活的活動，例如吃飯、家務、購物、交通等。

○休閒類活動：除去前兩類活動，就剩下休閒活動了，例如看電影、旅遊等。

原理

我之前有提過：「自我管理是通過理性和意識參與，以系統的方式來實現各階段人生目標」。然而，我們的人生目標不只關乎事業和賺錢，還有生活。生活和工作一樣需要管理，因爲它們也會占用我們的精力。

儘管生活多是些瑣碎的事，但如果不記錄下來，大腦將消耗能量並啓動一個叫「複述迴路」的功能來防止我們忘記。在文字還沒發明之前，所有的資訊都靠人的大腦記憶。於是大腦進化出此功能，作用是讓一個尚未完成的任務在大腦中自動重複迴圈，間隔性地發出信號來提醒人們，直到任務完成。之後，大腦才會發出指令停止信號。這也就是爲什麼當事情還沒完成時，我們總會感到焦慮和壓抑，甚至還抱著內疚感。

生活中的一切事務，不管是生產類、維持類或休閒類活動，都可以用「晨間日記」進行管理。這樣我們可以減輕大腦負擔，不需把精力耗在記住要「做什麼」，而是把所有的精力集中在該「怎麼做」。

原則

○生產類活動的評判標準是「創造價值的高低」，所以盡量不要把時間消耗在價值不高的事上。

○維持類活動既不創造價值又很難帶來愉悅感，所以別讓這類活動的時間占據太多，並且努力提高完成這類活動的效率。

○休閒類活動盡量選擇主動休閒而非被動休閒。主動休閒如運動不一定輕鬆，卻有助於個人成長；被動休閒如看電視，則容易讓人變得意志消沉和懶惰。

晨間日記系統

我的晨間日記包含四個部分：

①年度計畫與成長回顧

②每月計畫與成長回顧

③每週計畫與成長回顧

④每日任務清單

○年度計畫

年度計畫是其中最不重要的一項。因爲計畫經常會變，因此年度計畫不需太細，列出自己想關注的不同面向（例如讀書學習、事業發展、業餘愛好發展、生活和旅行），然後給每個方向各寫上一段描述性的目標即可。

○每月計畫

根據年度計畫可以確定每月計畫。相較於年度計畫，每月計畫相對具體很多。建議每個月集中完成兩、三個任務。

○每週計畫

每週開始之前，應根據該每月計畫確定本週須完成的任務。週計畫需要非常具體，並列出所有必須完成的任務。

○每日任務清單

每日任務清單是自我管理中最重要、也最關鍵的一部分。它根據每週計畫分解成更細的任務，多是一些簡單的、憑直覺就能執行的任務。這樣在執行時就不需消耗額外的腦力來思考，因此能降低行動時的心理阻力。

在執行每日任務清單時，我有一個小技巧，就是把這個過程想像成一個「打怪」的過程，每完成一個任務就消滅了一隻「怪獸」，在心理上也會出現快感。

雖然叫「晨間日記」，但我建議在前一天就把隔天的任務清單列出來。每日任務清單是我們起床的動力，如果一睜眼就知道這一天要做什麼，那麼起床時就會有很強的方向感。只要依靠意志力，每天堅持完成當天的清單，那麼每週和每月的目標就一定能完成。這些每日的小小堅持最終會產生質變，幫助我們完成人生中一個又一個目標，夢想也不再是遙不可及的事。

○成長回顧

蘇格拉底說：「未經審視的生活是不值得過的。」可見定期回顧的重要性。回顧的意義首先在於溫習目標和確保進度。目標是我們前進的動力，經常回顧可以幫我們避免鬆懈和迷失，並保持合理的進度和有效的執行力；其次，在回顧的過程中能進行反思，思考哪些事可以多做、哪些事可以少做、哪些事應該停止再做、哪些事需要開始做……通過不斷反思來對行爲或目標、計畫進行調整，避免無謂的忙碌。

回顧分爲每週回顧、每月回顧和年度回顧，當然加上每日回顧也是可以的，但是每日回顧對我意義不大，所以就省去了。我的回顧內容包括：健康、工作、讀書、家庭、生活、藝術。當然，你可以根據自己的需求加上更多的面向，例如理財。

《幸福的魔法》中有一個很棒的練習，作者建議我們每週用一個圖表記錄本週所有活動，包括活動內容、活動時間，然後分析這些活動給我們帶來的快樂和意義，再花時間列出那些平日想做卻沒時間做的事，思考如何減少不必要的活動，把想做的事加入生活中。

我認爲這是生活中的必要練習，可以同時和「晨間日記」完美地結合在一起。

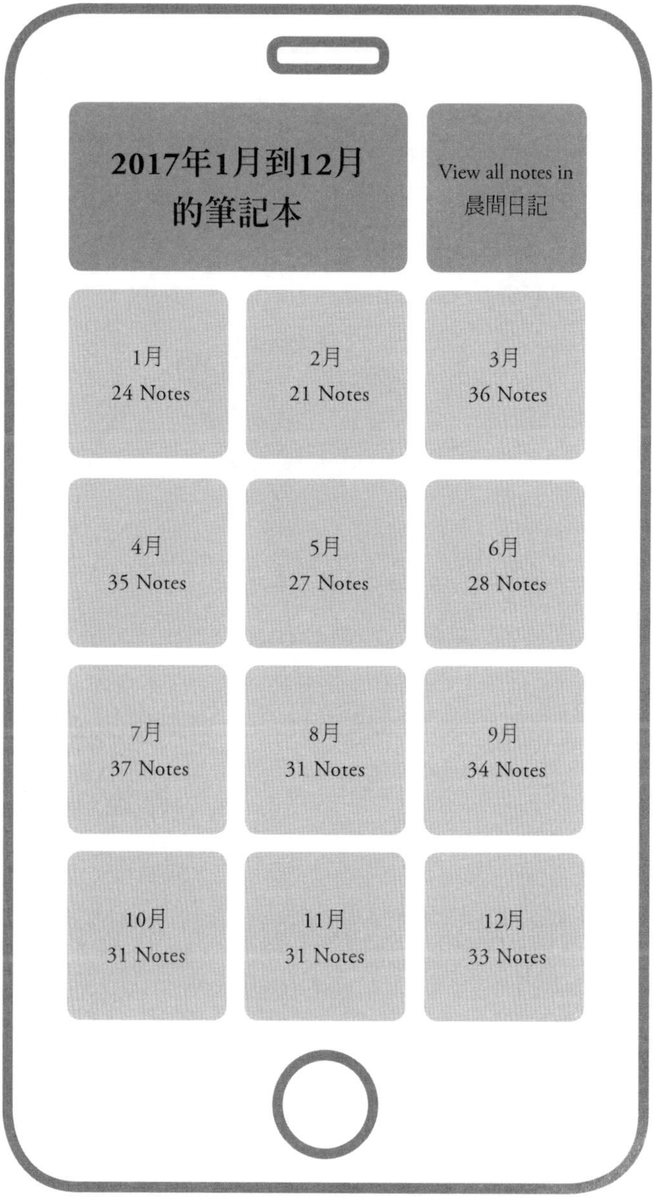
2017年1月到12月
的筆記本
View all notes in
晨間日記
1月
24 Notes
2月
21 Notes
3月
36 Notes
4月
35 Notes
5月
27 Notes
6月
28 Notes
7月
37 Notes
8月
31 Notes
9月
34 Notes
10月
31 Notes
11月
31 Notes
12月
33 Notes

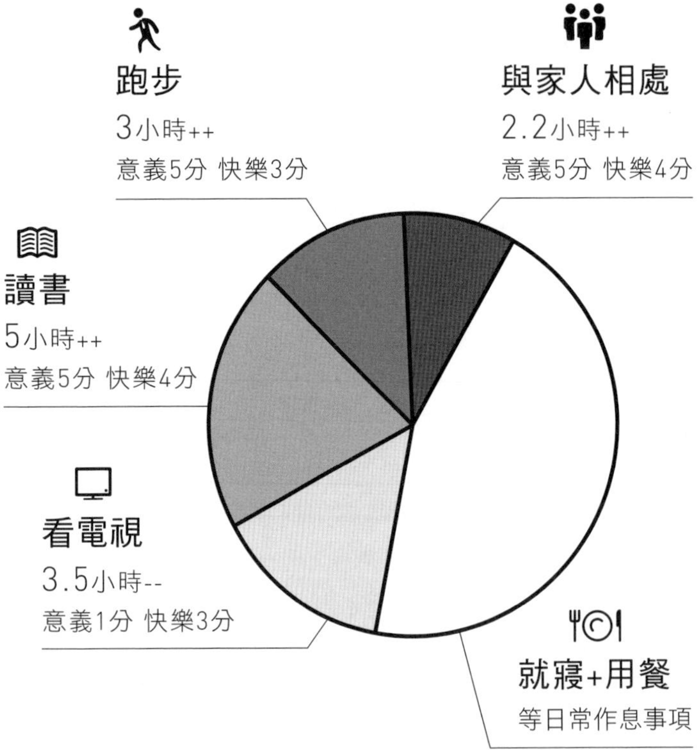

★5分為最高分，0分為最低分。在時間旁可以注記「＋」或「－」，「＋」代表希望花更多時間在這項活動上，「－」代表你需要減少在這項活動上的時間，想保持現狀則可以用「＝」。

本月計畫

第2職業

☑ 北京繪畫課程開課
☑ 上海繪畫課程開課
☑ 聯繫網球課程

其他

☑ 拍個人寫真
☑ 構思第3期雜誌
☑ 開始網球訓練
☑ 和Yvonne溝通正念冥想活動
☐ 買寢具

讀書

☑ 讀完傅真作品集
☑ 讀完《恩寵與勇氣》
☑ 讀完《人的宗教》
☑ 學習CrossFit教材

課程

☑ Design Thinking
☑ Gamification

麵包旅行

☑ 日本、韓國招募文案
☑ 日本拓展計畫
☑ 建立各地區社群
☑ 創建獨立微信帳號
☑ 確定內容行銷策略
☑ 招募10個玩家

本日任務清單

- ☑ 7:00 起床
- ☑ 冥想15分鐘
- ☑ 洗澡
- ☑ 早餐
- ☑ 例會
- ☑ 中午團隊聚餐
- ☑ 俱樂部下一步計畫
- ☑ 音樂節分享PPT
- ☑ 安排按摩
- ☑ 定Amy採訪時間
- ☑ 給Sissi電話
- ☑ 構思新文章
- ☑ 整理電腦
- ☑ 整理手機
- ☑ 買面膜
- ☑ 冥想
- ☑ 讀《恩寵與勇氣》

本週計畫

- ☑ 《獵人故事》範文
- ☐ 玩家招募
- ☐ 城市體驗式旅行文案
- ☑ 俱樂部轉型討論
- ☑ 雜誌主題發想
- ☑ 草莓音樂節分享PPT
- ☑ 確定5.16活動嘉賓
- ☐ 去上海出差
- ☐ 網球課推廣
- ☐ 確定與Sissi的合作模式
- ☐ 書法訓練（週二）
- ☐ 日本拓展初步計畫
- ☐ 拍宣傳影片
- ☐ 讀完《恩寵與勇氣》

本週成長回顧

健康

＃徒步＃35公里

＃和每天說早安＃第143天

＃冥想

＃Headspace—12 hours, Insight Timer—15 hours 30 mins

＃舞蹈訓練＃4小時

＃自我雕琢計畫＃ 第40天

個人管理、學習

＃讀書＃讀完《恩寵與勇氣》

＃第一財經週刊＃5/50

＃晨記＃第95天

＃繪畫＃1/50

＃書法＃31/100

＃寫作＃11/50完成一篇文章

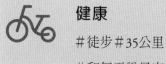

工作、學習

收到兩篇《獵人故事》的個人介紹

確定5.16活動場地和三位嘉賓

在灣區完成了第一次聚會

做了一次Team Building（團隊建設），團隊思維同步

聯繫了幾個韓國潛在合作夥伴

和上海俱樂部討論轉變，俱樂部聚焦

確定了北京胡同遊的計畫

第2職業

討論CrossFit課程

家庭、生活、藝術

去上海草莓音樂節

幫爸媽訂去廈門的機票和住宿

和上海俱樂部的夥伴聚會

體驗了手沖咖啡

學會了一道新料理

完成了五版書法練習

看現代舞演出《二十四節氣》

進步的關鍵：刻意練習

提到學習，我們會想起這麼一句話：「Practice makes perfect.（熟能生巧）」。這句話不是沒有道理，但它只說對了一半。重複練習固然是掌握技能的關鍵，但是還需一個重要前提：必須重複「對的事」。如果重複的是錯的事，那麼這種「重複」只會成爲學習路上的絆腳石。這也是爲什麼有些大師收學徒時，寧願對方是一張白紙。若之前學的是錯誤的，糾正過程所花的時間和精力，可能比從零開始教還要多。

技能學習的四階段

關於人的學習過程，美國學者提出了一個很有名的理論「意識能力學習模型」，將從零開始學習一門技能到熟練掌握所經歷的過程分爲四個階段：

第一階段是「無意識狀態的無能」，任何一門技能的學習都是從這個階段開始。這時的我們處在一無所知的狀態。以學網球爲例，我是從二〇一四年開始學習，在此之前我對網球完全沒有概念。教練正式指導我最基礎的擊球動作之後，我才明白了正確握拍的方式，以及從引拍到擊球，再到隨揮的完整動作。這個時候我進入了**第二階段「有意識狀態的無能」**，也就是說，此時我已經知道自己不知道怎麼做，也不了解該如何正確地完成所有動作。

所謂的技能學習就是從第二階段跨到第三階段的過程。這個過程是技能學習中最關鍵，也是最枯燥、最容易放棄的階段，因爲在學習過程中，我們會不斷犯錯，這會讓我們感到無比沮喪，甚至失去自信。然而，從「不會」到「會」的過程，就是一個不斷犯錯和被糾正的過程，犯錯是必然，關鍵在於犯錯之後我們是否能有意識地糾正它。

在這個階段，老師或教練的角色非常關鍵，由於缺乏經驗，我們很難意識到自己的錯誤，即便意識到，也會因還未掌握正確的動作而無法有效自我糾正。老師和教練的作用不僅僅在於指導學員什麼是正確的，還要在學員犯錯時即時指正，以及在學員沮喪時鼓勵他們堅持下去。

因此，無論學習任何技能，在最初的階段，一定要找優秀的老師或教練。優秀的標準不在於頭銜和名氣，而在於教學理念和方法。首先，要看他是否眞的熱愛這門技能，因爲發自內心的熱愛有一種強大的感染力，能夠激發學生的興趣。而興趣的激發很重要，它的作用在於讓我們忍受初期重複枯燥的訓練；其次，要看他是否有耐心，能否在指導的過程中即時糾正學員錯誤；最後，他還需要有積極的能量，因爲在學習過程中我們會變得很脆弱，也會自我懷疑，這時我們需要有人帶來能量和鼓勵。

經歷完枯燥的學習過程後，我們便跨入了**第三階段「有意識參與的勝任」**。這意味著我們已經學會了這項技能，藉由有意識的參與即可避免犯錯，但還遠遠未達熟練的程度。第三階段到**第四階段「無需意識參與的勝任」**，意指這門技能已變成自己的一種本能反應，不需意識參與就能順利達成。例如，當我們熟練打網球之後，每一次揮拍、擊球都變得自然完美，完全不需思考擊球的動作，因爲它已經成爲了自己的一部分。這個過程依靠的就是大量的重複練習，通過「重複」讓大腦形成相應的記憶。

至此，老師和教練的任務已經完成，正所謂「師父領進門，修行在個人」，接下來就全靠自己的努力了。這個階段也許永遠不會結束，因爲技能專精的路上沒有終點，但此時每一次的訓練對自己來說已成爲一種享受，是生活樂趣的來源。我想這也是學習一門技能的最終目標——享受它。

刻意練習

在這裡我還需要強調提升技能的一個關鍵概念：刻意練習。它是前述第二階段和第三階段的核心訓練方法。

這個理論最早由佛羅里達州立大學心理學家安德斯．艾瑞克森提出。它的核心假設是：專家級水準是慢慢練出來的，而有效進步的關鍵，在於找到一系列小任務讓受訓者依序完成。這些小任務必須是受訓者不會做、但又可以試著掌握的。

刻意練習的過程中，以下幾個關鍵因素將決定練習品質和提升技能的速度：

模組化訓練：拆解成小任務

學習任何技能都應該建立在基礎、模組化的重複訓練上。例如，網球初學者需要通過大量重複的正手擊球、反手擊球，以及步伐等基礎的模組化訓練，才能進入下一階段的學習；而書法初學者則需經過重複的基礎筆畫訓練，才能開始字的練習。

在大腦的認知模式下，我們很難直接模仿複雜的技巧，正確的訓練方式應是將複雜的技巧拆解成容易學習步驟，並透過大量重複的練習來掌握。等到我們依序完成一系列訓練任務後，整體技能自然也就隨之提高。

不過，這一系列的訓練任務必須滿足一個很重要的前提：必須在學習區練習。

在學習區練習

心理學研究顯示，我們在面臨任務時，心理上會出現三個區域：舒適區、學習區和恐慌區。

在舒適區所面臨的任務屬於我們能力範圍之內，做起來得心應手，卻無法進一步提升技能。例如當我們重複做自己已完全掌握的事會覺得輕鬆簡單，但對自身能力毫無幫助；相反的，當我們面臨那些遠超出現有能力範圍的任務時，則會因無能爲力而感到恐慌。對於處在恐慌區的人來說，技能上也難以眞正提升；而當我們面對稍微高於我們能力的任務時，我們才是在學習區，在學習區接觸到的，對我們來說都是新的、有挑戰性、也有能力完成的事，所以在這個區域的學習效率非常高，也才是眞正的學習。

獲得即時回饋

然而，僅僅確保處於學習區是不夠的，還需要在練習過程中獲得即時回饋。處於第二階段時，我們主要依賴老師或教練的回饋，但進入第三階段，我們就得依靠自己來發現並糾正錯誤，這需要我們在練習過程中集中注意力並培養敏銳的覺察力。

最後，關於技能的學習和提升，我還有個很好的建議：寫訓練日誌。用訓練日誌記錄學習過程，加強自我反思，幫助我們擺脫對老師的依賴，提高學習效率。以下是我在學網球過程中寫下的訓練日誌：

我的網球訓練日誌

今天是今年恢復網球訓練後的第三次訓練。

打網球眞的很快樂，每當聽到球擊中球拍發出的清脆聲響時，心中就充滿了無限的快感。打網球的充實和滿足，是吃美食、看電影等休閒活動無法帶來的。

從技術層面上來說，擊球並不眞的那麼難。在原地練習時，我能出色地完成正手和反手的揮拍擊球動作，但到了眞正打球時又是另一回事了。眞正打球時需要快速反應，完全沒有時間去思考和控制每個動作。因此在享受打球過程前，我必須不斷重複練習，讓「擊球」的動作成爲一種不需意識參與的「本能」。

學習新技能時，需要花大量時間讓肌肉形成記憶，也就是要在大腦皮層形成新的迴路。這個過程有兩個非常關鍵的因素：

第一，重複訓練過程中一定要不斷自我糾正。

剛開始學的時候，動作一定會有錯，但有錯沒關係，只要立刻知道爲什麼錯，然後下個動作有意識地自我糾正，這樣學起來就很快了。

訓練了一段時間之後，我會在腦中形成一個自動糾正機制：根據球被擊回的方向和高度來判斷擊球動作是否到位，並主動分析問題的根源：沒找到擊球點、引拍不到位、球面控制得不好、手腕沒扣住、擊球時沒有往前送球等等……接下來就根據剛剛的問題，有意識地糾正。當然，這是一個漫長的過程，但是一旦形成了肌肉記憶，就能慢慢上手了。

第二，能力和難度一定要匹配。

學習是一個循序漸進的過程，若是難度超過現有能力只會出現挫敗感，並慢慢失去信心和興趣。若沒了興趣，學習變成了一種任務，就無法在過程中獲得快樂，也就失去了學習的意義。儘管我現在可以和教練打底線了，但目前對我來說還是有一些挑戰的。因此每次訓練時，我們還是會先打半場，等我找到感覺和自信之後，再一步步提高難度。

今天打網球時，我發現了一個新的突破——我開始以碎步快速移動接球。

我現在面臨的最大瓶頸是：球感不強，很難判斷落球點。一旦落球點判斷錯誤，就沒辦法跑到位，接下來的擊球動作一定不會標準。球感必須經由長期訓練獲得，不過我發現若改變接球時的步伐，能讓我對落球點的判斷力提高不少。過去接球時，我總是根據自己的判斷跑到一個位置，等球落下再擊球。今天我嘗試了一個新方法：接球時快速碎步移動，即使一開始判斷失誤，也能再快速移動到正確的位置擊球。改變移動步伐之後，我的球技一下子提高了不少。當然，即使是移步，也得靠重複訓練才能眞正的熟練。

今天還有另一個收穫：發現潛意識的記憶會延遲。

上節課練習發球時，兩隻手的動作很難協調，每次注意左手時就忘記了右手的動作，注意右手時左手又會被忽略，要同時注意兩隻手的動作實在很難。今天我再次練習發球，這個問題忽然就不存在了。讓我想起閱讀《大腦超載時代的思考學》（*The Organized Mind*）時，書中關於短期和長期記憶的解釋：任何中期或長期記憶的形成都需要時間。這也解釋了以前練舞時的疑問：爲什麼一個動作最初做不好，一個星期沒有練習後再做反而能做得更好？

因此，學習任何技巧都不能操之過急，只要在訓練時關注每一次的動作，並主動自我糾正，那麼大腦就會按照自己的節奏和規律，慢慢將一個新技能內化成你的本能。

如何打造你的知識結構？

近幾年，年輕人對知識的渴求不斷高漲，我身邊就出現了不少讀書會，越來越多人開始設定一年的閱讀清單，並相互分享。我猜想背後有幾個主要原因，其中之一就是知識經濟作爲一種嶄新的經濟型態，正悄然興起，它是繼自然經濟、工業經濟後人類創造財富的新方式，因此通過閱讀和學習來獲取更多知識，是新的時代對我們提出的要求。

爲何讀書？

我們做一件事的時候，總愛問目的是什麼。如果做一件事只是爲了某個目的，那麼我們就很難在過程中享受樂趣，因此，我們需要拋棄這種過於功利的思維。

讀書的首要目的就是讀書，它本身就應該是一件快樂的事。我們讀，不是爲了得到某個結果，而是在這個過程中，我們很快樂。如果讀書本身無法給你快樂，那麼它就變成了一種任務，甚至會帶來厭惡感，這件事也很難再持續下去。

對抗不確定感

讀書與幸福的關聯有著明確的心理學依據。積極心理學鼻祖、前美國心理學會主席馬丁·塞里格曼在研究中指出，眞實、長久的幸福源於內涵的培養。他列出的二十四種能帶來幸福感的「性格優勢」中，就有五種和閱讀、學習相關。

這並不難理解，因爲閱讀帶來的成長與自主，能幫助我們對付幸福的最大敵人：不確定感。「不確定感」是我們容易感到焦慮和缺乏安全感的重要原因。從某種意義上來說，生命就是不斷與「不確定感」鬥爭的過程，因爲基因突變在本質上就是生命爲了因應環境的不確定性而演化出的策略。

我們的很多行爲都與「不確定感」相關，例如追求或累積財富、囤積物品或攝取營養等等。然而這些都無法從根本上解決我們的不安全感，無論人氣多麼高的網紅，都可能因爲一些道德上有瑕疵的行爲成爲被唾棄的對象，或是因爲新人崛起而失去關注。

這個世上只有一種東西能帶來安全感，就是**我們自己**：例如知識、才華、智慧、毅力……這些特質獨立於變動不定的世界，一旦擁有了，就不會消失，別人也拿不走。

讀書幫我們儲備知識，加深對自己和世界的理解，讓我們在浮躁的社會中保持理性、淡定與獨立。在安全感之外，知識還能增加我們獲得成就的可能性，因爲它本身就是成功的前提，特別是在如今的知識經濟時代。

現代人的修行

我平常會靜坐冥想，對佛教的哲學思想也略知一二。在紐西蘭完成十日觀禪之後，我發現讀書與修行有許多相同之處，它讓人達到的最終境界也十分類似。

佛教的起源，來自佛陀在菩提樹下領悟的眞理，即宇宙的本質就是「變」。既然諸行無常，諸法無我，那麼執著就沒有任何意義，因爲你「不過是自然中微渺的存在，和萬物一樣，終有一天會死去。所有你曾引以爲豪的事物都是短暫的，所有你害怕失去的事物都注定會失去」。人之所以痛苦，就是因爲不理解「無常」，而被執念所困。因此，修佛就是修心，讓人放下執念，放下自我。

由此觀之，讀書也有著同樣的眞理。人類的自大和偏執，很大程度上是來自無知，以爲世上的一切都理所當然爲我們服務。然而書讀得越多，對宇宙、世界、生命理解得越深，就越能發現自我的渺小，也因此更爲謙卑。

一位邏輯學專業的朋友在談到爲何要學邏輯時這麼說：「邏輯學的作用在於闡釋我們完成看待世界時所轉換的視角。」當我們以第一視角來理解世界時，一切是以「我」爲中心：我的觀點、我的物品、我的人生、我的喜怒哀樂，停留在此視角的我們將永遠被困在所謂的「我」之中而痛苦不堪；當我們跳出第一視角，從第三人的角度來審視世界時，就會發現我們與他人一樣，不過是宇宙微不足道的一部分，如此一來就能從狹隘的「我」中解脫，以更高的視角看待各種事物。

比起學佛，或許讀書是一種更積極、也更符合現代生活的修行方式。若你仔細觀察，我們還能從眞正的讀書人身上發現一種與修行者類似的氣質——雲淡風輕、溫文爾雅、不急不躁。

定義自己的座標

《幸福的魔法》中寫道：「即使在最民主的制度下，人們也往往感覺自己被奴役了——不是被政權，而是被社會強加的價值觀。」

我相信這種感受每個人都有過：內心十分渴望去做某件事或過某種生活，但社會告訴我們不能這麼做。在這種情況下，大多數人會選擇妥協和服從。這就是文化的力量。

文化是在社會發展過程中逐漸形成的價值體系，並藉由定義「什麼是對的」和「什麼是錯的」來引導社會的行爲模式。但實際上，文化既不是宇宙中的客觀存在，也非永恆不變，它僅僅是存在於人類社會的共同信念。

說起文化，不能不提及一個重要特點：文化失調（Cultural Lag）。美國社會學家W·F·奧格本是第一個提出這個概念的人。他指出物質文化的變遷速度要快於非物質文化，而在所有非物質文化變遷中，價值觀的變遷是最慢的，因此很多時候觀念的滯慢，會影響並限制物質文化與經濟發展。

然而，很多人卻把文化強加給我們的價值觀視爲理所當然，並因此成爲「文化的囚徒」。能帶領我們走出困境的唯一方法就是讀書。藉由讀書，我們明白了亙古不變的規律、精神、歷史與情感，如此一來我們才能設好自己的座標，因應這瞬息萬變的世界。

如何開始讀書？

從偶爾讀書、把讀書變成日常習慣、再到形成系統性知識結構，是一個由難到易的自然發展過程。回顧過去的讀書經驗，我大概經歷了三個階段：從「泛」到「專」，再到「全」。這三階段也是任何一個想經由讀書打造知識結構的人必須走過的歷程：

第一階段：泛讀，培養讀書習慣

目標：找到自己關注的領域

閱讀量：30～50本

時間：一年

做任何事，興趣是最重要的。在這個階段，最好不要讀一些晦澀難懂的書，也不要讀知識性太強的書，因爲很可能會讓你對讀書產生畏懼；更不要讀所謂「成功學」的書，它們會讓你變得浮躁而急功近利。最好選擇一些離生活較近、通俗易懂的，例如培養性情或啓發思考的書。

除了培養閱讀習慣之外，還可藉由廣泛閱讀提高自己「選書」的能力，找到感興趣的閱讀方向。要提醒此時容易犯的兩個錯誤：

第一，數量至上。在我剛開始讀書時，給自己訂的計畫是一年一百本，最終完成了八十本，之後我就放棄了追求數量，因爲讀書在質不在量。然而在泛讀階段，給自己設定數量目標有一定的激勵作用，若虛榮心能促使我們閱讀，那它的存在就是有價值的。等到過了泛讀階段還去追求閱讀數量，就沒有任何意義。

第二，依賴書單或他人推薦。剛開始讀書時可以參考推薦書單，但一段時間後，我們便需要有意識地培養選書能力。從包山包海的大量書籍中選出既好且適合自己的書，是成熟讀者的象徵，這是需要長期持續試錯才能培養出的能力，也是十分關鍵的能力，它直接決定了我們思想成長的速度與高度。

當然，如果你已經有讀書的習慣，可以直接進入第二階段。

第二階段：專注你的「點」

目標：深入了解某個領域，開始思考

閱讀量：10～20本

時長：半年

我們要記得，讀書除了是一種精神休閒之外，更重要的目的是爲我們鋪築完整的知識結構。然而，任何知識結構的搭建都必須從一個點開始，繼而深入全面地鑽研某一知識領域。

經過半年到一年的泛讀後，你會出現幾個明顯的改變：第一，讀書不再是件恐懼或頭痛的事，開始享受閱讀帶來的快樂；第二，讀書速度有所提升，而且選書能力大幅提升；第三，找到自己較感興趣的領域。此時，就是你開始專注那個「點」的時機了。

在開始深入探索某個領域之前，首先要了解該領域的發展歷程和重要代表人物。並找出所有相關著作，由淺入深地全面閱讀，釐清領域中代表人物的核心思想。

對我來說，最開始吸引我的「點」是積極心理學。經由泛讀，我對積極心理學有了初步理解，並產生了濃厚的興趣，緊接著我花了近半年讀完幾位頂級積極心理學者的全部著作。

然而，僅僅理解這個領域的核心理論和觀點是不夠的。閱讀是知識輸入的過程，知識若未經思考內化成自己的見解和智慧，永遠只是別人的。我的建議是，在廣泛和大量的閱讀之後，可以嘗試透過寫作來整理自己的思考。

第三階段：打造全面的知識體系

一般來說，打造知識結構需注意兩個關鍵：第一，以好奇心爲驅動力；第二，以知識本身的各種聯結爲指引。

一個眞正熱愛知識的人必定是對世界充滿好奇心的人。居里夫人說：「好奇心是學習的第一美德。」愛因斯坦說：「好奇心是科學研究者無窮毅力和耐心的源泉。」培根則認爲：「知識是一種快樂，而好奇是知識的萌芽。」無論深入何種領域，學習都會引發更多對世界的疑問，我們通過讀書努力滿足好奇心的同時，知識也將同時被串聯起來。打造知識結構是一個無止境的過程，接下來的章節會有更詳細的闡述。

知識結構決定你的生活

知識，是我們在生活和學習中常常提到的概念，但是很難有人能說清楚究竟什麼是知識，學者至今也沒有一個統一的定義。

哲學史上第一個關於知識的定義來自柏拉圖，他在對話錄《泰阿泰德篇》中這樣解釋：「知識是經過證實了的眞的信念。」儘管柏拉圖這句話被認爲是知識的經典定義，卻也同樣存在著問題。

首先，柏拉圖把知識定義爲信念。然而信念是主觀的，因爲相信而存在，知識則不同，它不以相信爲前提。例如很多人不相信宇宙大爆炸理論，但他們無法否認該理論爲現代物理知識的一部分；其次，柏拉圖認爲知識必須爲眞、經證實的，如果按照這個標準來判斷，很多知識將被排除在外，因爲很多現代知識目前還只是一種理論或假說，無法被證實爲眞。

相較於柏拉圖的定義，我更喜歡中國一名學者給知識的新定義：知識是一種大腦經由認識所產生的觀念，這種觀念能對認知做出較合理、可靠的解釋。簡單來說，知識就是一種對所認識事物做出合理、可靠解釋的觀念。

那麼，知識的作用是什麼？爲什麼我們在專業之外還需要擁有全面的知識結構？

每個人都有一套關於世界的解釋，這些解釋有的來自學校：生物、化學、物理等基礎科學；有的來自宗教：輪迴、靈魂；有的來自我們的想像和臆測；還有的來自毫無依據卻符合直覺的僞科學[2]學說。學習，就是一種用知識取代想像、臆測、直覺和僞科學來看待世界的過程。

這套關於世界的解釋體系對我們十分重要，因爲它構成了我們的世界觀，決定了我們看待人生的目的和意義，以及對身邊人、事、物的評斷。這些都直接影響了我們大部分的行爲和決策，並最終造就了我們的人生。可以這麼說，一個人的知識結構在一定程度上決定了他將過著怎樣的生活。

哈佛、史丹佛大學、耶魯等名校都推崇專業領域之外的通才教育。通才教育的理念來自於Liberal Education（通常譯爲「自由教育」或「博雅教育」），支持此理念的教育學家認爲，教育的目的是發展心智和拓寬視野，而非直接滿足職業需求。因此學生應汲取完整的知識，而通才教育則需體現知識的全面性和完整性，並爲一切更高階的研究提供一套共

2 pseudoscience，指任何宣稱或描述方式類似科學，但未經證明或缺乏支持證據、專家論證的主張。

同的知識基礎——即一個現代知識分子應有的知識結構。

關於通才教育的基礎知識結構，我舉一位中國學者的分類法爲例，這種分類近似史丹佛大學的通識課程結構，只不過他以功能和目的爲標準，將知識結構分爲四大類：

第一類知識：理解宇宙和人類生存環境所需的知識。這類知識基本上都屬於自然科學，包括物理學、生物學、地理學、宇宙學、數學、統計學等等。知識的價值無非是了解世界運行法則，而自然科學研究的正是這些客觀存在的規律。

第二類知識：理解社會形成，以及制約個體的社會、商業環境所需的知識。例如社會學、人類學、經濟學、政治學、歷史學、法律學等等。由此可理解人類社會的本質、了解社會發展動力和體制。只有理解了社會的本質與機制，才能確立自己的價值和位置，並以有效的方法自我實現。

第三類知識：理解內心和情感世界所需的知識。例如心理學、哲學、美學、宗教、文學等等。這些知識和我們的幸福息息相關，幫助我們自我掌控、構建豐富的精神和情感世界。

第四類知識：專業知識。這是我們參與社會分工，並立足於社會所需的知識。

看到前述分類，我想大多數人完全不知道該從何著手，但其實知識間的聯繫比我們想像的緊密許多，所以我們需要找到一個方法把它們串聯起來，最好的方式就是：大歷史。

「大歷史」這個概念是由澳洲麥覺理大學的歷史教授大衛．克里斯坦率先提出，他創辦了一個以「大歷史」命名的大學課程，這個課程和概念隨後受到了廣泛關注[3]。

「大歷史」完全不同於學校的歷史課。學校的歷史課大多以人類文明開端爲起點，以歷史人物和事件爲主要內容；「大歷史」則是從一百多億年前的宇宙大爆炸開始談起，從宇宙歷史講到地球歷史，再到生命起源和生物的歷史，最後才是人類的故事。

「大歷史」的奇妙之處在於，它通過歷史將宇宙萬物囊括其中。宇宙最初的歷史是物理的歷史，那時只存在基本粒子間相互作用的物理規則；等到宇宙中出現元素之後，化學的歷史便開始了；幾代恆星之後，太陽系出現，這時地球才登上了歷史舞台；當地球上的無機物演化成有機物，第一個細胞出現時，生命便由此誕生；生命經過幾十億年的演化，

3 許多教育家、科學家、歷史學家、教授和藝術家因此自發成立了一個名為「Big History Project（大歷史專案）」的組織，目的是為了促成更多老師開設「大歷史」課程，讓學生從中學起就能以不同角度來接觸和理解各門學科。比爾．蓋茲是目前此專案的唯一贊助者。

才有了人類這樣的智慧生命；隨著人類的不斷發展，部落、城市、國家、現代文明相繼出現，直到全球化。只有當我們把人爲分割的碎片知識以時間序列還原成一個有機體時，我們才能站在更高的角度來看待宇宙、社會和人類的發展。

這裡，我要推薦一本世界級的啓蒙科普暢銷讀物：美國作家比爾·布萊森寫的《萬物簡史》（*A Short History of Nearly Everything*）。這本書也許可以成爲你打造科普知識的起點。

此外，我還強烈推薦一門必須了解的學門：心理學。心理學關乎人們的心理機制和行爲模式，不僅能讓我們更深入了解自己，以至群體和大衆。同時也是所有商業的基礎，因爲商業的核心是人，無論是公司組織文化、團隊管理，還是產品設計、市場行銷和用戶經營，都是圍繞著人而展開。

然而如此重要的一門學科，大多數人卻對它一無所知，有些人對心理學的印象甚至還停留在佛洛伊德的《夢的解析》！事實上，現代心理學已有突飛猛進的發展，也更接近科學的研究方法，講究實證而非想像和推理。其中最實用和最需了解的心理學知識，包括認知心理學、進化心理學和社會心理學。

認知心理學是最新的心理學分支之一，一九七〇年代成爲西方心理學主要流派，它研究人的認知過程，包括記憶、語言、思維、推理、運算和決策等等。認知心理學的作用在於能幫助我們理解大腦的認知規律，幫助我們訓練思維和理性，學習技能，還能更有效地將資訊、想法或知識輸入到他人腦中。認知心理學對於教育、課程設計、產品功能、視覺設計都極爲重要，可以說，不懂認知心理學，無法成爲一個好的教育者、產品經理或設計師。

進化心理學也是一門一九八〇年代才出現的新學科，它試圖用進化的觀點對人的心理起源、本質，以及社會現象進行深入探討。例如從衆心理、盲信權威、誤判因果等等，很多時候我們的苦惱其實來自於對人類行爲的誤判，進化心理學給了我們一把理解心理機制產生過程的鑰匙，當我們理解了帶著「陷阱」的心智模式起源後，就很難再被它們所束縛。

社會心理學是研究個體和群體社會心理現象的心理學分支。任何獨立個體處在群體時，他的思想、感情和行爲會不自覺受群體影響而改變。法國社會心理學家古斯塔夫・勒龐的《烏合之衆》（*The Crowd: A Study of the Popular Mind*）一書可謂是社會心理學領域中最具影響力的著作，他在書中深刻地思考群體行爲，將大衆心理剖析得淋漓盡致，可說是一切市場行銷的理論根基。

新時代的知識分子應致力打造自己的知識結構，深入理解事物的規律及自己和他人的行爲模式，才能在生活和工作中遊刃有餘。

讓理性之燈，照亮你的迷茫

我們在生活中常要做出各種抉擇，然而不管面對何種選擇，身邊總會出現各種聲音，例如有人主張留在大城市打拚，有人卻說回老家發展，活得更快樂；有人認爲生孩子要趁早，有人則堅信年輕時就要多點磨練，不要太早穩定下來；有人建議去有制度的大公司，有人則相信小公司更有機會成長。不僅如此，社群網路上幾乎無時無刻都有各種新的言論和主張，以「專家」或「網紅」的身分告訴我們應該怎樣成長、如何生活。

然而，越來越多的主張不僅沒能解決我們的問題，反而使我們更加迷茫。

在這個意見和選擇過多的年代，「迷茫」已經成爲現今年輕人的生活常態（如果菜單上只有一道菜，或許反倒不會無所適從）。但是沒有選擇也不行，因爲心理學家認爲幸福感來自自由選擇。那麼，該如何解決這樣的矛盾呢？

事實上，「迷茫」來自不知從何選擇；而不知從何選擇的原因又在於人們缺乏理性。因此，理性才是解決問題的關鍵。

談到理性，大多數人認爲它是感性的對立面，需要用邏輯來取代情感，這其實是一種誤解。根據認知科學家的定義，理性意味著「設定合理目標」「基於目標和信念採取適當行動」「堅持以合理證據支撐信念」。由此可見，理性與感性並非對立，有時感性也能幫助人們採取更有效的行動，例如談判過程中，有時打感情牌比講道理更有效，那麼此時運用情感來說服和打動對方就是一種理性行爲。

要觀察一個人是否理性，可以從左列三點先簡單進行判斷：

第一，目標是否合理，是否符合自己真實的願望？

第二，信念形成是否基於合理的邏輯？

第三，行動是否為達成目標的最佳方式？

你是「覺醒的機器人」嗎？

成爲理性之人的第一步是：審視目標。只要有了明確的目標，我們就能進一步判斷自己的行爲是否理性。然而擁有清晰的、符合自己眞實願望的目標並不容易，因爲每個人身上都同時存在著三種利益主體，而它們之間的利益並非一致。

加拿大認知科學家史塔諾維奇在著作《機器人叛亂》（*The Robot's Rebellion: Finding Meaning in the Age of Darwin*）中將人類比喻成「機器人」，根據《自私的基因》中的理論，我們是擁有「基因」和「模因」兩種複製因子的生存機器：基因屬生物層面，模因則指思想和觀念。《自私的基因》把模因定義爲文化的基本元素，例如價值觀、信仰和行爲模式，經由非遺傳的方式得到傳遞。

和基因一樣，模因的利益來自複製，逐漸占領人類的大部分心智。所有的宗教、文化、道德，甚至政治主張都屬於模因。所以，基因是我們存在的原因，而我們的存在也在爲模因服務。

基因和模因有著各自的利益，只想借助我們來複製傳播。然而作爲獨立的個體，我們有著超越繁衍和生存需求的更高追求，例如發掘潛能、實現自我、體驗人生。儘管基因的利益和我們自身的利益大多時候是相符的，但也有牴觸的時候：例如基因要讓我們衰老和死亡，個體卻想一直生存下去；基因要求我們把更多資源和精力放在孩子身上，卻可能和我們實現自我的渴望相衝突。

同樣的，我們心智中也存在著大量與自身利益相衝突的模因，例如被「必須結婚成家、有房有車」的觀念逼著去做房奴、車奴，而內心卻渴望更多經濟自由去體驗更豐富的人生；「追求穩定生活」的想法要求我們找一份穩定踏實的工作，也和我們對發掘更多潛能的期待相違。

如果我們選擇違背自身利益，服從複製因子的利益，那麼就與（生存）機器人就沒有本質上的區別。但是和地球上其他生命相比，人類擁有一種獨特的能力，也就是我們可以

「反抗指令」，把自身利益放在複製因子之上，擁有自主目標，這就是史塔諾維奇所謂的「機器人叛亂」：我們像科幻小說中失控的機器人，把自身利益置於創造者的利益之上。這其實就是一種覺醒。

所以，只有當我們的目標反映出眞實的渴望，而非基因或模因的利益，才是理性的目標，而我們就是「覺醒的機器人」。

拒絕非理性信念

身邊很多人會有「不生孩子是一種自私行爲」，或相反的「不生孩子並非一種自私行爲」的信念，試想其合理性會發現，這都意指我們因自私而把自身利益擺在第一位。但是如果生（不生）孩子不是爲了自身利益，而是爲了別人的利益，不也是一種不負責任的做法嗎？另一方面，如果生孩子是爲了自己，那麼自主選擇生或不生孩子，又有何區別呢？

理性的另一個體現形式，就是我們的信念與眞實世界的一致程度。我們周圍充斥著各種信念，如果缺乏理性，我們很容易被錯誤的信念所左右，做出並不符合自身利益或與人生目標相悖的行爲。

不過不是每個人都有理性判斷的能力，它依賴於兩種能力：邏輯思維能力和足夠的知識儲備能力。邏輯關乎推理和論證，並且識別和反駁錯誤的推理和論證。然而邏輯只關注推理過程，即便推理過程正確，也不能確定結論是正確的，此時還需回過頭審視前提的眞假，這就得憑藉我們的知識儲備能力。我在前面提到，知識指的是能對事物做出合理、可靠解釋的觀念。因此，理性不僅和邏輯思維有關，知識結構也直接影響著理性程度。

生活中無所不在的思維謬誤

即便擁有了明確的目標與合理的信念，在理性的道路上我們還會遇到另一道阻礙：思維謬誤。

思謬錯誤，是認知心理學的研究內容之一，意指偏離最理想、合乎邏輯、理智的思考和行爲。之所以存在思維謬誤，主要是因爲人的大腦存在著兩套系統。諾貝爾經濟學獎得主丹尼爾·康納曼在暢銷作《快思慢想》中詳細闡述了大腦中快與慢兩種決策方式。他將這兩套系統命名爲「系統1」和「系統2」。

「系統1」可看作一套原始的作業系統，是人類在漫長進化過程中獲得的一種生存本能，它能依賴情感、記憶和經驗迅速做出判斷，並對眼前情況快速反應。不過「系統1」常常出錯，導致行爲偏離目標；「系統2」的出現則是大腦爲了針對複雜的生存環境做出更準確的反應，而在原始作業系統上安裝的一套新的作業系統。「系統2」具備強大的運算和推理能力，能調度專注力來分析和解決問題。然而相對「系統1」，「系統2」的反應慢上許多，而且很懶惰，常走捷徑採納「系統1」的直覺型判斷結果。

「系統1」過於原始的心智模式導致人類種種的思維謬誤。常見的思維謬誤包括：從衆心理，意指把大多數人的行爲當成自己的行爲準則。在許多不確定的情況下，我們也總會下意識地模仿他人的行爲；以及損失規避，意指等數值損失所帶來的痛苦程度遠大於等數值收益所帶來的快樂程度，其實也是大衆對股市下跌做出過度反應的原因。儘管每個人都知道低買高賣的道理，最後往往是高買低賣。我們總認爲自己是正確的，常會忽視與我們的信念或觀點不一致的資訊，只尋找對支撐我們觀點有利的資訊；而在面對難以理解的偶發現象時，則會爲此尋找因果甚至是超自然的解釋。

思維謬誤在我們的生活中無處不在，它引導我們做出錯誤的判斷和非理性行爲，而我們幾乎無法意識到。爲了避免思維謬誤，我們必須刻意培養理性的思考和行動。這些能讓我們重拾人生的掌控權，並直接決定了我們的幸福程度

漫漫人生路，要如何走才好？不妨讓理性之燈，照亮我們人生的迷茫吧。

一千個鐵粉理論

科技教父凱文．凱利曾在著作中提出了一個很有意思的理論：一千個鐵粉理論。他認為，創作者例如藝術家、音樂家、攝影師、工藝師、演員、動畫師、設計師、影像製作者或作家（換言之，也就是任何創作者），只需擁有一千名鐵粉就能餬口。「鐵粉和普粉的區別在於，鐵粉對創作者本身擁有強烈的認同感，無論創作者的任何作品，他們都願意付費購買。

「一千個鐵粉理論」對於那些想經由做自己喜愛的事來獲得經濟獨立，或不打算依賴他人的獨立創業者來說十分有意義，如果能在做自己喜愛的事的同時，培養足夠的鐵粉，就有機會逐漸走上獨立自主的道路。

我發現不少斜槓青年都是因為有了大批後援的鐵粉，才慢慢實現了經濟獨立，而我有勇氣離開職場，也是因為知道自己有足夠多的鐵粉支持。事實證明，在我開始自己的事業之後，這些鐵粉不僅成了我的第一批用戶，還是最忠實的用戶。

擁有鐵粉聽上去是件十分美好的事，卻不如想像中容易。首先你需要擁有讓大衆了解、接觸你的管道，例如文字為主的自媒體成本較低、簡單且易操作。但只有自媒體是不夠的，想在自媒體氾濫時代脫穎而出，吸引目標讀者，需要有一定的人格魅力，正如羅振宇所說的，魅力就是社群網路世界中的貴金屬。

然而，魅力是什麼呢？有人認爲能吸來人氣的就是魅力，於是可見到網紅們各出奇招，用各種刺激感官或帶來短暫歡樂的手法來獲取關注與按讚。然而這種吸引力都是短暫的，不足以讓人產生強烈的情感共鳴。

眞正的魅力一定源於思想和精神，並且能帶給人們啓發和激勵。《紐約時報》專欄作家大衛・布魯克斯在著作《社會性動物》（*The Social Animal: The Hidden Sources of Love, Character, and Achievement*）中認爲：「如果說人類的表層思維渴求地位、金錢與喝采，那麼深層思維則渴求和諧和關愛。」因此無論人類有多少欲望，我們內心深處眞正渴望的永遠都是能使人積極向上、讓世界變得美好的事物。

哥倫比亞大學教授賽門・西奈克是暢銷書《先問，爲什麼？啓動你的感召領導力》（*Start with Why: How Great Leaders Inspire Everyone to Take Action*）的作者，他觀察到許多偉大的領袖在思想、行爲和溝通方式上與常人極不相同，不管做什麼，都堅持以「爲什麼？」作爲出發點，從不操控、而是激勵身邊的人們，使人們發自內心追隨自己。

西奈克也提出了著名的「黃金圈法則」。「黃金圈法則」通過三個同心圓來描述人的思維模式，同心圓從外到內依次是：做什麼（What）、怎麼做（How），以及爲什麼（Why）。

思維模式處在最外層的人，他們知道自己要做什麼，但很少思考怎麼做會更好；處在中間層的人知道怎麼做能更順利完成任務和目標，卻很少思考這麼做的原因；而處在最核心的人總在問「爲什麼」，他們擁有內在動機，能自我激勵，而只有這樣的人才可能成爲偉大的領導者，激勵並影響身邊的人。

例如許多電腦商以這樣的思維順序誘使人們購買：「我們生產的電腦性能卓越，操作便利，快來買一台吧！」蘋果電腦傳遞資訊的順序卻恰好相反：「我們永遠在不斷追求打破現狀和思維模式，我們想要給人類帶來完全不一樣的體驗。我們改變現狀和傳統的方式是：設計出擁有卓越性能和完美設計，並且方便使用的產品。」因此，若想最大程度影響大眾，關鍵不在於傳遞「What」的資訊，而在於給出「Why」的理由。人們在乎的不只是供需間的和諧，更是**信念的契合**。

黃金圈法則不僅適用於行銷公司品牌，也適用於經營鐵粉，只有當你用思想和信念影響別人，讓人們成爲信念的共同支持者之後，人們才會堅定地追隨你。因此，要成爲魅力人格體，就要先忘記所謂的行銷手法，放棄操控，而是審愼思考，怎樣的內在力量和信念促使你去做正在致力的事，並堅持以夢想、熱情來感染他人。

以下和大家分享我經營自媒體的幾點建議：

讓文字成爲思想的血肉之軀

信念像是一個人的靈魂，是一切行爲的基礎。不過作爲魅力人格體，只有信念是不夠的，如果信念沒有深刻的思想和內容作爲支撐，就會給人一種喊口號般的空虛感。所以，在明確了自己的信念之後，你要用思想內容來讓它變得「有血有肉」。

思想是人對於世界、人生、事物價値和是非對錯的看法，這些看法的深刻程度取決於我們平日閱讀和思考的廣度，一個人的閱讀量越大、知識面越廣，看法就可能比一般人更深刻。然而，要把許多零碎的想法整理成一套完整的思想系統，則需要依賴持續寫作。

閱讀、思考和寫作是三件相輔相成的事：閱讀帶給思考源源不絕的素材和靈感；思考反過來促進了閱讀；寫作幫助我們清晰思考，並將片段資訊邏輯和系統化，同時傳播思考的結論。

無論從哪個角度來說，寫作都是一項値得訓練的能力，一位作家曾說：「沒有人能找到爲這種能力定價的方法，但每個擁有它的人，無論何時獲得，都知道這是一種稀有而珍貴的財富。」

專注內容，而非推廣

我在做自媒體的這三年，從未用過任何買廣告等行銷手法來推廣，也拒絕所有互推的機會，因此我在自媒體訂閱量的成長，基本上都是透過忠實讀者的傳播和推薦。

這種做法在自媒體人當中極其少見，對很多人來說，甚至不可思議。然而，這種做法背後的邏輯正是「一千個鐵粉理論」。

一般來說，自媒體的收入模式有兩種：一種是依賴廣告；另一種則是依賴讀者或用戶的直接付費。由於廣告是依據訂閱人數付費，因此對於靠廣告生存的自媒體來說，用戶是賣給廣告主的，是被消費的物件，廣告主才是上帝；然而對於後者來說，訂閱者的意義截然不同——他們是需被服務的人，而非被消費的物件。當訂閱者發自內心地認同和信任你，他們就會爲內容付費。這種關係需要經歷長時間輸出理念一致的高品質內容來培養，但這種付出是值得的，因爲一旦他們成爲鐵粉，就會爲你熱情地傳播和推廣，透過口碑吸引來的讀者成爲鐵粉的可能性，遠遠高於互推才看到你的讀者。

過去的我曾犯了一個錯，放棄已經營一年以上的自媒體，選擇從頭開始。但一次意外的失誤反而讓我想清楚內容而非平台才是最重要的。平台只是一個分享的管道，只要精神、理念都在，就能透過內容重新聚集鐵粉。那些因放棄自媒體而失去的訂閱資料，除了滿足自媒體主的虛榮心之外別無他用，即使失去了，也不足爲惜。

拒絕爲PO文而PO，相信少即是多

很多自媒體人都有一種錯誤的觀念，認爲能PO則PO，如果不PO就會被讀者取消追蹤。不少自媒體人都因爲這樣的想法而被自媒體「綁架」，竟日爲數據苦惱。自媒體原本只是分享思想的工具，然而不知不覺間，卻從「手段」變成了「目的」。

很長一段時間，我也生活在這種苦惱中。

儘管我的更新頻率很低，但只要一段時間沒有更新，就會備感壓力，有時也會迫於PO文的壓力，在毫無靈感時強迫自己寫文章。直到有一天我想通了，爲了PO文而逼自己寫一篇未經深思熟慮的平庸文章是毫無意義的，而且也不容易引起讀者共鳴。當我開始拒絕爲PO而PO之後，整個人豁然開朗。

這個時代不缺資訊、也不缺感動，缺的是能眞正啓發和改變世界的思想。那麼，我又何必製造更多過剩的資訊來刷存在感呢？

事實上，決定讀者數量的不是PO文更新頻率，而是PO文的品質。已有無數事實證明，一篇好文遠遠超過十篇普文的影響力，若發過多廢文，還可能被讀者視爲一種打擾而取消追蹤。

儘管自媒體是體現個人思想、擁有鐵粉的最佳方式之一，但這也是最需要用心來走的一條路。經由文字和影像，成爲一個有溫度、信念、價値的魅力人格體，是這條路的最終目標。如果你有信念，來收穫你的鐵粉吧！你的思想將獲得共鳴，並得以傳播。

從0到1

成爲一個眞正意義上的斜槓青年，你需要具備強大的軟實力，包括：相對完整的知識結構、一至兩樣熟練技能，以及清晰的思考和寫作能力。在準備階段，花大量時間自我投資是非常必要的，因爲換來的將是你的核心競爭力和穩定發展的基石。

等自我投資到了一定程度，就可以考慮下一步，思考如何將實力轉化成資本，以產生收入。這個從0到1、從無到有的突破不會從天而降，你需要一個關鍵要素：產品。

產品是什麼？

產品是商業中出現頻率最高的詞彙，因爲它是一切商業的核心、市場交換的基礎，沒有產品也就不會有使用者或消費者。那麼，產品是什麼？

產品沒有固定的形式，可以是實物，例如：手機、電腦；或是虛擬物品，例如：音樂、電影；也可以是某種服務或體驗，例如：私人教練、導遊、室內設計；甚至還可以是想法或提案，例如：諮詢、規畫。

然而無論是何種類型的產品，都需要滿足幾個基本要素：

首先，產品是由各種原料、素材、人力……經過設計、創作、整合過程產生的結果；其次，產品需能滿足某種特定需求，從簡單的衣食住行到更高層次的心理和精神需求；再者是交易，亦即有使用者願意爲它付費。

從另一角度來看，每個人都是人力市場的產品提供者，我們的「產品」就是自身的綜合才能：履歷表是產品介紹，公司是眼前的顧客，薪資則是產品價格。因此，若想充分利用才華展開多職人生，獲得多重收入，就需要以打造產品的思維，將我們的知識和技能進而產品化。

自己想做的事，如何成爲他人想買的產品？

從美國商學院畢業後，我原本打算從事金融業，卻誤打誤撞進入了移動網際網路行業，並陸續經歷了幾家新創公司。現在回過頭來看當初的選擇，我不得不承認是一次絕對正確的選擇，因爲這樣的經歷讓我擁有了在其他行業難以獲得的思維訓練，其中最重要的就是產品思維。

提到產品思維，很多人會聯想到產品經理。在移動網際網路行業，產品經理是極其重要的角色，因爲他們是聯結公司內外的橋梁——明確定義客戶及其需求，並構思能滿足需求的產品，再與設計師、工程師等溝通，使產品得以輸出，最後再根據使用者回饋進一步完善產品。

產品經理的重要評判標準是：能否準確理解客戶需求，這決定了產品的成敗。因此，產品思維有兩個關鍵：第一，視角的轉換，即從主觀視角轉化成客戶視角。如此才能準確理解客戶的眞正需求；第二，將需求具體化，讓產品滿足需求。

事實上，轉換視角並不是一件容易的事，因爲人習慣以自我爲中心，很難從他人的角度看待和理解問題。既然轉換視角不易，我們就需要從日常生活中進行刻意練習。

舉一個我自己的例子。前幾年去印度旅行，我在出發前花了不少時間了解印度的地理、歷史、宗教、主要城市和著名旅遊景點，旅行過程中對於印度又有了進一步的認識，也有許多計畫外的有趣體驗。回來之後，我就將此次印度之旅整理成一本圖文並茂的電子雜誌，用輕鬆的文字對印度進行了全面的介紹，還詳細分享了我的行程路線，從自己的親身體驗，提供讀者許多有價值的資訊和建議。

這就是典型的產品思維：每當花時間和精力做完一件事時，我會思考別人是否有類似的需求，然後將自己的體驗轉化成對他人有價值的產品。當然，這個過程中我必須轉換視角，把自己想像成一個對印度完全不了解、卻有興趣去旅行的人，進而從他的角度來分析需求、組織和整理資訊。

「產品化」是一種強大的思維方式，它意味著做任何事不只滿足於完成，更追求另一層次的結果——一種能用來展示、具潛在交易價值的結果。例如，旅行後把過程中的資訊和經歷整理成一本圖文並茂的雜誌；讀完一本書之後，將核心內容和有價值的資訊總結成一篇筆記或影片；考完雅思、托福、GRE之後，把備考過程的經驗和訓練方法變成一份心得筆記……

產品思維能把生活中許多看似平凡的事轉變為潛在的機會，我身邊有不少人就是把自己平日的嗜好轉變成對他人有價值的產出，成功讓興趣成為自己的收入來源。例如，有人熱中於記錄和整理筆記，經由整理筆記走出了一條商業之路；有人喜歡研究美食，把平時研究的食譜通過圖文記錄下來在社群與粉絲分享，不僅出了一本美食書，還開始從事與美食相關的工作。

日常生活中，不管做任何事，都可以有意識地更往前邁步，讓已在致力的事變成對他人有價值的「產品」。你也可以打造出很棒的產品思維。

最小可行性產品

談到做產品，首先要了解一個很重要的概念：精實創業。「精實創業」由矽谷實業家艾瑞克．萊斯在著作《精實創業》（*The Lean Startup*）中首度提出，目前已是創業者間最流行的方法之一。

「精實創業」中有個關鍵概念：最小可行性產品。在「精實創業」被提出前，傳統創業都是經過一番周密和複雜的市場研究，花費大量時間來回討論產品方案，然後照計畫一步步實施。然而這種方式有個極大的問題，就是週期太長，同時存在著嚴重的資訊不對稱，因爲市場研究並無法帶給我們準確和完整的資訊，這種情況下做出來的產品很可能不是市場眞正需求的產品。

「精實創業」的理念則有效避免了過去這種與市場脫節的、閉門造車式的產品打造模式。它拋棄冗長呆板的長程計畫，以最快的速度、最少的資源製造出一個最羽量級的、可被試用的產品，然後發布出去，再根據使用者回饋持續優化產品。現在幾乎所有的移動網際網路公司都是採取這種方式開發產品：他們先完成1．0的產品版本，在此基礎上繼續改進，接著陸續推出2．0、3．0等更高級、完善的版本。

「最小可行性產品」的概念不只適用於網路或科技產品，它對所有的產品都有借鑑作用。通過這個概念，我們能迅速對大眾測試自己的想法——這個產品不需完美，甚至可以是免費的，只要能以某種具體形式體現抽象想法，並帶回人們眞實的回饋。

你想開課，但不知道怎麼教？沒關係，先用低價或免費的方式邀請朋友參與，過程中根據學員的回饋思考課程設置和教學方法，等到第二期就可以開始收費，相信到第五或第十期的時候，課程就會更完善了。又或者你想自製一段脫口秀影音，你也不需要等到有豐富的經驗和完美播音技巧後再開始，先試錄幾期，根據市場反應再做調整。

我的很多專案就是透過這樣的方式開始的。例如我兩年前推出「寫作訓練營」專案時，它一開始只是一個簡單的、成員相互督促的寫作社團，經過兩年的改進和完善，現在已經成爲一套完整而系統化的寫作課程。

如果你想成爲一個擁有多重收入的斜槓青年，那麼不妨慢慢培養自己的產品思維，將自己最核心、具優勢的知識和技能，轉化成「最小可行性產品」，讓人生就此從0到1。

Chapter 4

此時此刻，就過自己的人生

我學會了區分兩件事，別人的生活和我的生活。
兩者就像蘋果和梨，完全無需比較。

人生就圖個內外一致

記得一年前，朋友約我和一對夫婦去一家新開的瑞士餐廳吃飯。朋友曾在瑞士生活多年，學習飯店管理，之後在美國念商學院，現在在北京創立了自己的時裝品牌。另外一對夫婦和我是同行，留美念電腦，一直從事網路行業，履歷都是Google、百度等網路公司。晚餐的大部分時間，我只是安靜地聽著這場時尚與網路的「對話」。身處時尚圈的朋友對APP開發和經營充滿好奇，另兩人則希望從她身上窺探神祕的娛樂業和名媛圈。

對移動網際網路行業，我已經很熟悉了。而那些操控中國娛樂業的背後人物，我也曾偶爾接觸，關於那個世界的規則略知一二。所以比起這些話題，眼前的瑞士起士火鍋更引起我的興趣。不過時不時地，我還是能嗅到餐桌上飄散著由好奇、羨慕、虛榮混合而成的複雜情緒。這是一種對未知世界的窺奇，以及對財富和權貴的欽羨。

兩年前，我開始學習冥想後，開始在生活中察覺內心的變化。我發現，無論這場飯局聊什麼，我始終保持在平靜的狀態，不羨慕名媛圈，也不被衍生的利益和機會所吸引，更不因虛榮心唆使炫耀起自己的經歷。這是我第一次發覺，自己的內心竟然能如此平靜，不受這些欲望所吸引。

曾讀過一篇文章，描述了一位北大英文系的女孩，畢業後進入外商工作，幾年後做到中國區產品經理，並聯合幾家國際集團成立兩家合資公司。之後她去倫敦開了一間公關公司，幫當地名人舉辦派對，並定期獲媒體報導。這個過程中，她和一名希臘、英國混血的優秀男士結婚，育有一女。二〇〇二年，她把時尚品牌Folli Follie引入中國，出任中國區總裁。

一般人在讀這篇文章的時候，很容易將其歸類為勵志小品。這個故事簡直就是一個現代版的灰姑娘：一個普普通通的中國女孩，努力工作後嫁給一個優秀的外國人，進入英國上流社會，更出任國際時尚品牌的中國區總裁。整篇文章有太多刺進女人心坎的字眼：上流社會、時尚、名媛、全球總裁……多麼光鮮亮麗、令人羨慕的生活！但再次閱讀之後，會發現這篇文章除了激起我們對名利的欲望、觸動虛榮心之外，並沒有太多參考價值。相較之下，我更願意聆聽那些關於堅持、自律和勤奮的故事，因為這些才是最終走上夢想之路的必要條件。

文字是一個容易被操縱的工具，它可以操控人們的想像力，把醜小鴨寫成天鵝，或把虛榮心和欲望拉抬到極致，將預設的價值觀悄無聲息地植入人們的潛意識：告訴你那些開超跑、住豪宅、坐擁名牌的上流圈生活，才是成功。也因此，不夠成熟或沒有堅定信念的人，很容易就落入這場文字陷阱，流於追隨這些被操控的「主流價值觀」所定義的成功和幸福。

過去幾年，我對自己所追求的價值觀深信不疑，認為自由獨立的生活是最理想的狀態，也是每個人都應該努力追求的。但有一天我突然意識到，這樣的深信和宣揚拜金主義並無多大差異，因為我根本沒有資格告訴別人什麼是值得追求的生活，生活不是「1＋1＝2」的簡單算數，也不存在公式，每個人對於人生的理解，以及因環境和經歷所形成的信念，有著密不可分的關係。

重讀心理學家米哈賴．契克森的著作《快樂，從心開始》（*Flow: The Psychology of Optimal Experience*）之後，我獲得了新的啓發：人類所有的痛苦都來自內外的失序與不和諧，也就是說，內心想要的和眞實擁有的不一致，而且是衝突的。

舉例來說，你開車塞在路上時，會感到急躁不安，那是因為你很想趕快抵達目的地，現實卻和想法起了衝突，不過這種衝突很短暫，不塞車了就會消失。有的衝突則是長期的：一個喜歡自由和冒險的人卻待在穩定、悠哉的部門，長期下來一定不會開心；一個渴望自我實現的人，卻不獲公司重用，或苦無機會發展，那絕對終日生活在扼腕之中。相反的，一個人若是內心和諧，就表示所擁有的生活和內心期待是一致的，那麼任何人都沒有資格評論或指責他。無論這種生活是簡單抑或奢侈、是自律還是散漫。

於是慢慢地，我不再評價別人的生活，也不再覺得所有人都應該追求某一種生活狀態。若一個人因爲內外的衝突而感到不快樂，他只需要讓自己的內心重新獲得和諧就好。

我們的選擇有兩種：勇敢追求想要的，或是改變心態接受現狀。沒有好壞之分，只要能讓你內心衝突消失、更加快樂，就是好的選擇。

人生沒有「必須」，沒有「標準」，唯一值得推崇和鼓勵的，就是敢於改變的勇氣和坦然接受的智慧。

明白這個道理之後，我感到更快樂了。儘管我仍持續分享自己的生活和體悟，但已不再抱有想改變他人、推廣我所崇尚的人生價值這樣的念頭；也不再羨慕那些成功故事和奢華生活。我學會了區分兩件事：別人的生活，和我的生活。兩者就像蘋果和梨，完全無需比較。每個人只需關注自己想要的生活，努力去改變可以改變的，坦然接受無法改變的，這樣就好。其實，人生不過圖個內外一致，內心和諧的人生就是美好的人生。

「防守」的奧祕

YT是所有朋友中我最欣賞的一位，這不只是因爲她是少見的集美貌與才華於一身的女子，更因爲她看淡所有的光環，把生活過得平凡又不失意義。

她的故事聽起來多少會讓人羨慕：名校畢業，從事金融業，旅居巴黎多年，回北京短暫工作一段時間後，又移居到華盛頓，練過八年芭蕾，畫得一手好畫，作品還曾在美國參展。若非偶然間讀到她這段文字，我可能只會把她當成那種滿身光環的菁英，並不會出現敬佩之情：

三十歲之前，我有許多愛好，其中之一叫愛恨分明，例如喜歡古典不喜歡現代；喜歡結果不喜歡過程；喜歡標新立異不喜歡落入窠臼；相信人生有一萬個夢想要去實現，所以時不我待。

某日，吳先生問我，妳的夢想是什麼？我說是成為一個有權、有錢、有名、有美貌，還受人愛戴的人。他說那不是夢想，那是個副產品，夢想是妳的行為。我尋思我的行為就是穿名牌衣服、寫自己也看不懂的報告、旅遊拍照，最後是知道了很多名牌、很多景點。每到一座城市，必看芭蕾，對各種表演如數家珍，品頭論足。仗著在巴黎七年裡談笑有鴻儒、往來無白丁，對歌劇院、博物館、城堡、時尚有一種近水樓台的驕傲。對於古典和傳統有一種堅定的優越感。我喜歡那時候的自己，有活力，工作和玩樂都賣命，累倒了發個燒，好了繼續蹦跳。

三十歲劃了一條楚河漢界。我逐漸減少了對旅行、歌劇院乃至物質的嚮往，沒有非去不可的地方，在哪裡都可以神遊四方。極少看芭蕾演出，新的愛好是看舞者練功。看腳背和手背、看轉圈的成功和失敗、看傷和病、看揚長避短的努力和心灰意冷的挫敗。每天早上九點，他們背著背包，坐在地上把自己從頭到腳裹得嚴嚴實實，十幾年如一日的動作開場、流汗。有的帶妝，但多半素顏，頭髮梳得也不夠精緻。剛入團的幾個女孩、男孩常在比較，暗地裡較勁。年長的像一個個木樁，腿肌發達，中段結實，無論周圍怎麼熱鬧，就像關閉了提醒，只專注於自己的動作。我的班裡有幾個退役的舞者，練功時手腕和腳腕都負重，動作看似比別人緩慢，但總能閒庭信步地落在節奏裡。跳得不太高，平衡卻好得不得了，有一種無動於衷的自信和優雅。每天的擦地、踢腿、跳躍，就像雕刻自己軀體和毅力的刀斧，臉上都是皺褶，身體的線條依舊舒展流暢。

跨過了楚河漢界，除了偶爾掙五斗米以外，生活的重心基本上就是周而復始的練舞、畫畫、看書、做飯和打掃。

武俠小說裡的高人一般都是誤入仙山神洞，拾得祕笈，閉關幾年重出江湖，一朝成名天下知。然而此處並沒有高人，做事的目的只是做事，例如舞動身體或舞動畫筆。年齡讓人精力下降，也讓人在三千弱水中很容易辨認出想取的那一瓢。有空去品味拂面的風、入口的水、當頭的棒喝。那些市井亂象也入得了眼：菜場裡滿地的泥水，土氣的穿著，隨地吐的痰，公車裡汗味和香奈兒5號混雜。路邊蹲著算命的和擺攤的，還有捷運站叫賣新鮮蛋塔的女學生，用力撞你後揚長而去的壯漢，醫院裡的長槍短劍。

真正的饋贈是把你看重的毀了，把你畏懼的給你，一切在眼中就變得一樣可愛了。雅俗共賞，雅俗也就無甚分別。

三十歲確實是個神奇的分界線。與YT很相似，三十歲前的我熱中於一切新鮮刺激的事物，渴望精采人生，期待自己的存在與價值得到認同，我甚至如憤青般認爲：「若不能讓我驕傲地活著，那就讓我驕傲地死去。」

在道教的世界觀中，世間萬物都有陰、陽兩面。陽代表了運動、外向、興奮、主動和剛性；陰代表著沉靜、內向、抑制、被動和柔性。如果陽在左，陰在右，而所有人的性格和對生命的態度都散落在兩點之間的話，我會毫不猶豫地站在左邊，甚至是最左端。這種性格從我出生起就被展現得淋漓盡致。

很小的時候，我就被大人認爲有過動症，因爲我很難眞正安靜下來。等到長大一點，我學會掌控想像力，並用畫筆發揮到極致——在自己的創作當中，我是一切的中心，我所創作的都爲我存在。

成年後，我迫不及待地想釋放體內湧動的能量，想感受活的價值。儘管從小耳濡目染許多爲家庭和責任而活的人，但我仍渴望爲世界帶來不一樣的事物。我抱著很強的使命感，也因此開始羨慕起光鮮亮麗的生活，無法忍受平庸，甚至恐懼婚姻，拒絕任何能一眼看盡的穩定生活。我害怕這樣的生活讓我失去鬥志，磨掉我自己。

我一直爲擁有這種能量而驕傲，直到三十歲之後。

這種變化始於美國跑步教父喬治．席翰《我跑步，所以我存在》（*Running & Being: The Total Experience*）中的一段話：

> 進攻是場遊戲，而防守是任務。進攻時，我創造了自己的世界。我按自己的劇本表演，按自己的節奏起舞，按自己的調子唱歌。進攻是沒有經過彩排、充滿活力、隨心所欲的。進攻是令人激動的，它呈現其特有的刺激、獨特的推動力。進攻可以產生屬於自己的能量。

防守則什麼也不需要。防守是枯燥、無聊和平庸的。它是一種缺乏想像力、枯燥無味的責任，是堅韌，是決心，是堅持。它需要行動的意願和決心，並為之付出百分百的努力。所以，防守是一種驕傲，是一種成為這種人的決心。

生性好動的我在人生中一直扮演著「進攻者」的角色。的確，進攻刺激而精采，讓我充滿活力，隨心所欲。但席翰對於防守的描述，卻意外地觸碰到我內心的柔軟處，我頓時極欲理解那是一種怎樣的魅力，爲何能讓這麼多人爲跑步這種「防守者」的運動著迷。

幾個月之後，我讀到了《人的宗教》（*The World's Religions: Our Great Wisdom Traditions*），並被書中對禪宗的描述與解讀深深地吸引了。

在禪的世界，理性被認爲是有限的，因此我們必須超越理性，用另一種「知」去補足。它拒絕用任何文字、概念、邏輯或語言描述其中的智慧和奧祕，一切必須靠「悟」。禪修者必須在長年累月、堅定不移、不急不躁的修煉中保持著覺知，不妄斷、不糾結，只需靜靜等待心靈被喚醒的那一刻。到了那一刻，內心感受的是一種當下的「空」：超越曾經二元對立的世界，在有限的「悟」中孕育而生的是對無限的「知」。我突然發現禪修者的悟道過程，似乎與那枯燥、重複、無聊的「防守者」極其相似。

這種「平凡」，讓我想起了日本茶道：樸實的擺件，陳舊的瓷器，緩慢優雅的儀式，以及全然平靜的精神。這一切是如此的安詳神聖。而這種智慧在美國心理學家、哲學家肯恩．威爾伯的《恩寵與勇氣》（*Grace and Grit: Spirituality and Healing in the Life and Death of Treya Killam Wilber*）一書中也再次得到驗證。整本書眞實記錄了威爾伯和妻子崔雅的五年抗癌故事：

> 結婚不到十天，崔雅檢查出乳腺癌。對抗病魔的過程中，她無時無刻都在面對死亡。與死亡的近距離接觸，總讓人更深入思考生命的意義，對崔雅來說，這無異於一場修行與悟道的過程。她從最初的剛烈和爭強好勝，慢慢柔軟了下來，逐漸放棄「做什麼」的執著，轉向理解「存在」的意義，接受人、事、物的原本面貌，用接納、包容和慈悲的心擁抱當下。這種轉變讓她感受到了從未有過的平靜和力量，因此，儘管崔雅身體受盡折磨，心靈卻感到自在愉悅、充滿生命力，終能安詳地面對死亡。

讀到這裡，我感到一股寧靜的力量在靈魂深處開始滋長，與此同時，我性格中的爭強好勝彷彿也逐漸平靜下來。不自覺間，我發現自己已不再需要依賴新事物的刺激來獲得快樂，而開始在平凡的日常中尋求屬於我的怡然自得。

我們生活在一個強調「做什麼」和「自我」的時代。平凡常被視爲一種失敗，活著就要「精采」，「精采」意味要隨時體驗新鮮、獲得認同。我們無法忍受任何形式的安靜與孤獨，好像不做些什麼，我們就不是什麼。於是，爲了保住已有的名聲與讚嘆，渴望不凡的我們終日誠惶誠恐，爲了按讚與分享疲於奔命。

或許這個世界上最幸福、最自由的人，是那些懂得享受平凡的人。

最後再分享一個故事：

亞歷山大大帝當年金戈鐵馬、氣吞萬里，一路東征來到印度。當他登上印度境內一座高峰時，發現一名高僧正盤腿靜坐。高僧問：「你為何來此？」亞歷山大大帝回答：「我在征服世界。」隨即反問高僧：「你為何在此？」高僧答曰：「我也在征服世界。」聽完彼此的答案，兩人都仰天大笑，因為他們心裡都認為彼此是徒勞。

「理想生活」長什麼模樣？

有一天，我約一個好久沒見的美國朋友喝咖啡。他以優異的成績自麻省理工學院畢業，在日本工作幾年後又去華頓商學院拿到MBA學位，五年前來北京發展，目前是一家國際創投基金的投資人。他的背景和經歷連我都羨慕不已，但在聊天過程中，我聽出他似乎對目前的生活並不滿意。

爲了給他一些啓發，我拋出了一個問題：「想像你現在已經實現了財務自由，你想做什麼？」他很認眞地思考了一會後告訴我，他會花更多時間旅行，以及開一間主打「健康創意沙拉」的餐廳，同時規畫一個能幫人們管理身心健康的APP。

接著，他反問我相同的問題。雖然問題是我提的，但我從未想過這個問題。

最後我發現，即便沒有任何經濟壓力，我依然會選擇現在每天在做的事。那一刻我才意識到，原來我已經在過著屬於自己的「理想生活」，儘管那時離所謂的財務自由還很遙遠。

曾聽過一個問題：若只有兩種人生可以選擇，你會選擇哪一種？第一種人生：前四十年過得非常辛苦，但後三十年過得非常舒適快樂；第二種人生：前五十年過得非常舒適快樂，但後二十年非常辛苦窘迫。幾乎所有人都選擇了第一種生活，包括我自己。

這是一個很有意思的現象：我們寧可年輕時吃盡苦頭，卻無法接受老年生活窘迫不堪。然而從理性來看，第二種人生遠勝過第一種。首先，五十年的快樂多於三十年的快樂；其次，快樂在我們年輕時的意義更大、也更重要。因爲老年之後健康狀況不如以往，體力大幅下降、感官退化，也不像年輕時那麼在乎快樂。儘管是一個不切實際的假設提問，但我們依然能從衆人的一致選擇中得出一個結論：我們把未來看得遠比現在重要。

但是，未來眞的重要到讓我們心甘情願地犧牲「現在」？

事實上，未來這個概念並非自古就有。遠古採集社會時期，無論保存食物或累積財物都十分不易，食物也現採現吃，只需過好當下的每一天即可。隨著文明進展，漸漸從採集社會進展到農業社會。面對自然，農業社會比起採集社會要脆弱很多，因爲生存過程中增加了更多不可抗力，人們得完全依賴不可抗的氣候決定每年收成。若遇上旱災、洪水，或歉收年，就很可能餓死。爲此，農民們不得不時刻想著未來，大量儲備糧食。於是從農業社會起，未來就成爲人們念茲在茲的盤算，以至現代人們時刻在爲未來服務。

心理學家曾提出「跑步機現象」的說法：現代人似乎永遠在追逐以爲會帶來快樂的某個目標，可當眞正達到之後，卻發現快樂實在太短暫了，於是很快又變得不滿足，然後再開始追逐下一個目標。於是我們永遠在不滿足中追逐著新的目標，就像在跑步機上跑步一樣，沒有終點。

反思一下我們的生活，是否眞的如此？

剛畢業時，一個月賺一萬人民幣就很滿足了，等眞的賺到了，也發現不夠花了，因爲賺得多，消費也多了；年輕時，覺得有輛車就很幸福了，等到眞有了車，就開始想換更好的車，於是曾經認爲的「奢侈品」慢慢變成了「必需品」。我們在這場欲望的追逐遊戲中變得越來越無饜足，越來越不快樂，又何來理想生活？

我曾經和所有頂著MBA光環的商學院畢業生一樣，把自己的職業目標設定爲一名優秀的經理人，夢想在職場叱吒風雲，拿高薪過上白領的幸福生活。然而過去幾年職涯中，我慢慢發現了自己的性格與職業間的衝突面，只能痛苦地在職場裡摸爬滾打。慶幸的是，機緣促使我最終選擇離開職場。

所謂的理想生活並沒有固定形式，我們只要把「是誰的欲望和期待？」視爲課題，或許更能看清理想生活的面貌。

二〇一五年，我的正念冥想導師寫了一本書《幸福創造力》，書中最觸動我的一句話是：「此刻就要幸福。」是啊，爲什麼要等待遙遠的未來？爲什麼不能是現在？過去，我曾無數次幻想「美好的未來」安慰自己，然而在放棄對未來的執著之後，我才發現理想與現實間的距離完全由我們決定。它沒有我們想像得那麼遙遠，它可以就在此時此刻。

幸福的反向思考

偶然的一次機會，我拜讀了德國哲學家叔本華的著作。比起過去持續鑽研的積極心理學，叔本華的思想和觀點顯得悲觀許多。他言語犀利，極力批判大眾式庸俗，更瞧不起那些精神上貧乏和空虛的人。他認爲大衆讓人變得膚淺，因此提倡遠離大衆，並鼓勵追求內在精神飽滿。我爲叔本華的哲學理念所深深吸引。如果說積極心理學帶給我一縷陽光，那麼我從叔本華文字中得到的則是低調和寧靜。

積極心理學家的重要任務之一就是爲幸福下定義，包括認爲幸福是積極度加上意義感；或是定義實現幸福人生的元素：積極度、投入度、良好人際關係、目的性，以及成就感。由古至今，人類都在嘗試理解幸福，可即使到了現在，關於幸福，還是沒人能夠準確地下定義。

儘管我們無法從正面表述幸福的定義，但關於不幸福和痛苦，人類的認知倒是驚人的一致——於是，何不從幸福的反面下手呢？這就是叔本華關於幸福的邏輯。叔本華認爲，缺乏痛苦的程度是衡量一個人生活是否幸福的標準，也就是說一個人感受到的痛苦越少，那麼幸福感就越強。因此我們的人生目標不應是尋求外在的刺激以獲得快樂，而是盡最大可能擺脫痛苦。

想起離職當天，我寫了一篇長文。PO文後幾個小時，收到了許多留言，大多都是支持、鼓勵和稱讚的話，其中不乏分享讀後感或謝謝我啓發的網友。然而，衆多留言中有一條特別顯眼，是一條讀起來並不友善的留言。留言的網友首先表示對我很失望，他認爲年輕就應該奮鬥，覺得我只是在逃避。可能大多數人會認爲，我大可不必理會這條留言，但事實並非如此。當天晚上，我躺在床上，依然被這條留言所困擾，耳邊彷彿放了一台不停播放的留聲機，甚至還隱約感到些許憤怒。或許因爲對方是年輕人，傷到了我的自尊，或許是憋了口氣無處反駁，不過我很快就意識到一個可笑的事實：那麼多支持帶給我的快樂，竟然輕而易舉地被一條不友善的留言所破壞了。

讓我不解的是，爲何我的內心寧願放棄所有讓我愉快的事，卻被一件帶來負面情緒的事牢牢吸引？

忽然間，我想起了叔本華說的：「缺乏痛苦的程度是衡量一個人生活是否幸福的標準。」此時此刻，我才深刻明白了其中的含義。與外界帶來的快樂相比，痛苦持續的時間相當地長。

回頭審視生活不難發現，不管生活中有多少美好的事，只要有一件讓你痛苦的事，就很難感到幸福，因爲你的注意力會不自覺地放在那些讓你痛苦的事物上。

人們容易將「幸福」和「擁有」聯繫在一起，以至於絕大多數人傾其一生追求那些能帶來快樂的事物。殊不知，無論是財富或名譽，我們擁有的越多，遭遇痛苦的可能就越大。因爲一旦擁有了，就會面臨失去的風險，而失去給我們帶來的痛苦，要遠比擁有它的快樂大。

古羅馬史學家蒂托．李維曾說：「壞事對人的觸動遠大於好事。」以財富爲例，我們都渴望得到財富，但眞正成爲富翁後，失去財富的痛苦將遠超過獲得額外財富的喜悅；名譽也是如此，一旦依賴了他人的認同，我們就被剝奪了內心的寧靜，因爲當他人而非自己受到稱讚，或是看似不如自己的人從自己手中奪走了讚美，我們就會受到傷害而感到不滿、失去自信。

這種反向的智慧不只在叔本華身上體現，許多東西方哲人也有過類似的主張。羅馬詩人、劇作家昆圖斯．恩紐斯曾說：「好，主要是少了壞的緣故。」古希臘斯多葛派哲學的核心宗旨是馴服情緒，藉由心理練習弱化財產在心中的地位。如此一來，當損失發生時，人們心理上就不會受到刺激，這是從外界環境中奪回個人自由的方式。斯多葛派代表人物塞內加就曾在著作中反覆提到「一無所失」一詞——不依賴外在所有之物，不受其控制，那麼即使失去，也不會因而痛苦。

佛教也有著類似的教義。佛教認爲「貪」「嗔」「痴」是痛苦的根源：貪，是對擁有的執著，無論是執著於已擁有的，還是那些還沒擁有的；嗔，意指因不如意而引起的忿恨；痴，則是因缺乏智慧、思考所引起的煩惱。冥想，則是佛教用以對抗內心的痛苦，讓我們不爲情感所累，我在後章有詳細的介紹。

那麼，痛苦是什麼？包括生理上的疼痛和心理上的痛苦。在心理上，主要指的是負面情緒，例如焦慮、傷心、憤怒、嫉妒、自卑等等。然而情緒也是一種生理現象，來自人體的反應和協調機制，因此情緒本身無法被消除。所以無論是佛教或古希臘斯多葛派，目的都不在消除情緒，而是將我們對情緒的關注轉移到產生情緒的源頭。我們之所以痛苦，不是因爲情緒存在，而是我們太過在意這種感受。若能明白情緒不過是內心的生理波動，就像海浪一樣，不具任何意義，那麼我們就能做到，僅僅感受情緒的存在，而不爲其所苦。

除了訓練心智之外，遠離群體和減少社交也是很好的方式。因爲我們生命中大多數的苦痛，都是因人而起：因爲在乎別人的評價而焦慮；因爲別人不友善的言行而憤怒；因爲別人比自己表現好而感到嫉妒或自卑；因爲虧欠別人而心生內疚……而如今，社群網路更加劇了此一現象，我們深受他人言論和生活狀態影響的同時，也暴露了自己內心的虛榮和脆弱。

後來，我刻意減少社交和社群活動，也不再特別關注他人的動態。當我無視外界的噪音，全心全意專注在自身時，我的內心也漸漸湧現了一股力量：不害怕失去，因爲我所擁有的都是別人所拿不走的。

「寵辱不驚，閒看庭前花開花落；去留無意，漫隨天外雲卷雲舒。」經歷了許多關於幸福的思索之後，我想起叔本華所說的：如果一個人內在充足、豐富，不需從自身之外尋求快樂，那麼，這個人就是最幸福的人。

我為什麼簡單生活？

多年前，我透過朋友結識了一位熱中於人生整理術的女孩。一次交談中，她聊到自己整理生活空間的初衷時，說了這麼一句話：「若是一個人生活空間很雜亂，那麼內心也一定是混亂的。」她話音剛落，我彷彿被雷電擊中。這不就是我的狀態嗎？儘管我從不願面對，但……我當時的生活眞的是混亂極了！

回國發展初期，爲了剛成立的社團，我幾乎把所有時間都花在社交上。那段時間，我每天都和各領域人士碰面，毫不誇張地說，除了上班，其他時間我不是在飯局上，就是在去飯局的路上。一到週末就開始規畫聚會，週五不到凌晨回不了家，隔天睡到十一點起床，洗完澡後隨即出門會友。房子對我來說，只是一個晚上睡覺的地方。我很少打理生活，完全不清楚自己有哪些東西（只知道不少），它們散落在家中四處，有的可能在需要時想起，翻箱倒櫃才能找到，有的可能永遠都想不起來。我從不關心自己的經濟狀況，只要帳戶裡有錢就好，也沒仔細算過存款，更別說理財了。我的電腦桌面像市集一樣眼花撩亂，各種資料夾雜亂無章地晾著。一直以來，我以爲自己活得瀟灑快樂，後來才意識到，那種看似忙碌的生活，只是爲了掩飾內心的躁動和空虛。

她的一句話，讓我從一場浮誇的夢赫然驚醒。世界頓時變得漆黑寂靜，內心的空洞如急速生長的枝蔓，不停延伸直至爬滿身軀。我再也無法選擇忽視。她說的對，生活的雜亂正是源自於我內心的混亂。

眞正的改變是二〇一三年年初開始的。有趣的是，這是在環境逼迫下的改變。

當時，爲了擁有充裕時間將一手創辦的女性社群轉成商業專案，我暫時辭去工作。爲此，我重新調整自己的生活來減少不必要的開支。北京的房租無疑是一筆很大的開銷，於是我搬離原本的住處，暫時住在朋友家空出的一個小房間裡。面對相當有限的空間，我發現自己必須重新審視所擁有的物品。

我特地買了幾本關於整理的書，滿懷熱血徹底研究了一番，直到眞正開始動手清理時，我才發現沒那麼簡單。不過，儘管在決定「丟掉」的瞬間我還無比猶豫，但「丟掉」後的輕鬆，讓我甚至不願再回頭看它們一眼。歷經捨與不捨的多次來回，我慢慢迷戀上了「丟掉」的快感，自然而然養成了良好的「新生活習慣」：整潔乾淨的房間、井井有條的生活、物歸原位的習慣。

這種變化也延伸到生活的其他面向：健康的飲食、規律的作息，也開始存錢理財了，還多了幾個額外的收入來源。與此同時，我把過去用來社交的時間改投入在其他的愛好上：讀書、寫作、練書法、跳舞、打網球、潛水，並且去許多地方旅行。我第一次感受到生活的踏實感。

我曾經規畫了一場登山的分享會，嘉賓是幾位剛從非洲爬完吉力馬札羅山的朋友。分享過程中最打動我的，是他們描述自己爲了減輕負重，一路走、一路扔行李時，其中一位嘉賓感嘆，他爬到山頂，打開背包，發現包裡扔得只剩下水的那一刻，才恍然明白，原來生命眞正需要的是這麼地少。

中國當代學者周國平在著作《生命的品質》的序言中寫道：「人來到世上，首先是一個生命。生命，原本是單純的。可是，人卻活得越來越複雜了。許多時候，我們不是作爲生命在活，而是作爲欲望、野心、身分、稱謂在活；不是爲了生命在活，而是爲了財富、權力、地位、名聲在活。這些社會堆積物遮蔽了生命，我們把它們看得比生命更重要，爲之耗費一生的精力，不去聽，也聽不見生命本身的聲音了。」

經歷這些改變之後，我成爲「簡單生活」的信奉者。儘管現在這個概念已蔚爲一時風潮，但對我來說，「簡單生活」並不是一個用來炫耀和凸顯自己的標籤，而是因應現代複雜社會的實用生活哲學。

前面曾提到，為了避免人們忘記重要事項，大腦進化出了一個自動迴圈功能，間隔性地發出信號，直到重要事項獲得處理。同樣的道理，為了防止我們忘記和丟失重要物品，大腦也會採取相同的機制來提醒我們。因此，當我們的生活越複雜、越無條理，大腦被占用的空間就越大。因此我們總有種錯覺，以為當下的我們擁有很多，但事實正好相反，是我們的空間被占據了。

「簡單生活」是一種自律的體現，因為它讓我們對抗懶惰的本能，保持生活的井然有序。這種自律能帶來更強的自我掌控，讓人們越發積極主動。而當我們決定「丟掉」那些人生中不需要的物品之後，最後留下來的，就是真正值得我們花時間專注的事物。

冥想，不被情緒控制的練習

近幾年，冥想和身心靈修行越來越流行，但是很多人對冥想的理解仍停留於形式，並不清楚其背後的邏輯和價值觀。如果不進一步理解這些內涵，就無法眞正發揮冥想更深層次的作用。

第一次接觸冥想至今已經七年了，以前只是偶爾陪朋友靜坐，並沒有深入了解。直到二〇一五年夏天，我跟隨一位非常欣賞的導師，去北京香山參加了兩天的正念冥想靜修活動，那是一次非常重要的經歷，我也因此從冥想上獲得領悟，以及當中的人生智慧。在那之後，冥想開始成爲我生活中很重要的一部分。

冥想的人有兩種，你是哪一種？

冥想的概念源自印度哲學，是瑜伽的一種練習方式。瑜伽在梵文中的意思是「結合」和「合一」。要眞正理解「合一」的含義，得先理解印度哲學的核心概念「梵天」。「梵天」類似道教的「道」，印度人認爲「梵天」是無所不在的宇宙最高意志，世間萬物無一例外都來自於「梵」。「梵」以靈魂的方式存在於人體中，因此人的本質就是「梵」在世間的人格體現，兩者同源同體。然而，肉體自身及由此而生的私欲束縛了「梵」，於是人有了痛苦。瑜伽則是印度人為了達到「梵我同一」而創造出來的修煉方式。他們相信透過瑜伽即可克服私欲，人就能自肉體解脫，還原「梵」的原本面目。

對於信仰印度教、佛教或類似哲理的人來說，修行和冥想的終極目的是為了擺脫輪迴之苦，與某種更強大的宇宙精神結合。他們將此視為人生最重要、最具意義的事。為此，許多虔誠的信徒每年會把大量時間用於學習和修行，並且定期閉關。

我很敬佩這些信徒的虔誠，但我並不是教徒，那麼對於像我這樣無宗教信仰的人來說，冥想有意義嗎？答案是肯定的。

冥想起源於東方，但西方已經由科學證明了冥想能幫助人們減輕壓力和痛苦：連續進行八週每次四十五分鐘的冥想練習，大腦機能會有所改變，使人容易感染積極情緒，並提升對痛苦的抵抗力。此外，冥想還能改善身體免疫系統，因為當我們心緒平靜時，對疾病的抵抗力會隨之增強。

確認了冥想與健康間的關聯之後，西方的學者除去了冥想中的宗教部分，將其科學化並進行推廣，其中最知名的推廣者就是麻省理工學院醫學院的喬·卡巴金博士。一九七九年，他開設減壓診所，設計了一套「正念減壓療法」。這套療法已在美國醫療院所、學校、企業等機構得到了廣泛應用。

於是，世上出現了另一種冥想者，他們不是因爲信仰，而是爲了身心健康而開始冥想。對他們而言，冥想是爲了更好的生活，他們無須遵從嚴格的教義和訓練，只需學習基本的冥想技巧，在生活中安排日常的冥想。

對於剛接觸冥想的新手來說，身旁各式各樣與發展身心靈相關的團體可能會讓你感到迷惑，不知從何開始。我的建議是，先了解其價值與信念是否和自己一致，是否符合自己接觸冥想的目的。就我而言，我練習冥想的目的是爲了更健康地生活。

爲什麼我們冥想？

冥想也是一種新的生活哲學。幸福是主觀的，只關乎我們的內在世界，因此冥想的開始和持續練習，都得以這種哲學爲根基。

我在那次的冥想靜修活動結束之後，隔天趕往某個活動的途中遇上塞車，等了好久，車子都無法移動，頓時陷入一種急躁不安的狀態。突然間，我想起課堂上指導的呼吸法。於是我嘗試把注意力放在呼吸，靜靜地感受胸腔的起伏，不一會兒我就驚奇地發現，原本焦慮、煩躁的情緒竟然消失了。儘管我還陷在車陣中，但心情已截然不同。過程中，外在世界沒有發生任何改變，唯一改變的是**我的心態**。我因此獲得很大的啓發，並意識到，原來我們完全可以掌控自己的內在感受。

從本質上來說，情緒不過是一種因外在刺激而產生的內在信號，目的是促使我們採取相應的行動。例如遇到危險時，我們會恐懼，這提醒了我們做好逃跑的準備。然而，當我們沒有意識到情緒只是一種信號時，就容易深陷其中。

冥想最重要的作用，是幫助我們提高覺察力。當負面情緒出現時，我們能很快覺察，並意識到那只是個信號，於是我們就能掌控自己，不任憑情緒左右。

冥想帶給我的改變是巨大的，它讓我時刻關注自己內在世界的變化。現在無論遇到什麼事，都很難讓我的情緒出現波動，讓我能冷靜快速地把焦點放在問題本身。當負面情緒過於強大時，我就會去打坐，讓情緒過一段時間後自然消失。

寫到這裡我想再提醒各位，冥想的進行一定要以改變人生哲學觀爲前提。如果你認爲生活就是喜怒哀樂、體驗各種情緒，那麼就沒有必要練習冥想。如果你不想總是被情緒擾亂生活，希望找到讓內在平靜的力量，不妨試著冥想吧！它能幫上你的忙。

冥想訓練

有些人把冥想理解成坐著什麼都不想，其實不然。冥想是爲了開發並訓練大腦的另一種功能：覺察力，亦即對自己的想法和情緒時刻保持覺察的能力。

冥想訓練的方法很簡單，新手可以從五分鐘的呼吸訓練開始。把意識的焦點放在自己的呼吸上，感受胸腔的起伏。練習時可以藉由計算自己的呼吸次數來保持注意力。當發現自己被另一個念頭帶走時，只要讓注意力重新回到呼吸上即可。訓練時間可以根據自己的作息來安排，慢慢調整爲十或十五分鐘。我目前盡量維持每天早、晚各進行十分鐘的冥想，但一次沒做也沒關係。

冥想訓練根據不同的目的，一般可分爲幾種類型：

呼吸冥想

主要訓練我們的覺察力。這是最基礎也最重要的冥想訓練。

愛的冥想

幫助培養愛和感恩的能力，來消除過強的自我意識（其實大部分的痛苦源自於強烈的自我意識）。

身體掃描冥想

幫助身體放鬆，減輕身體的壓力和疼痛。

向各位推薦我冥想時使用的ＡＰＰ：InsightTimer*。它是一個冥想計時器，可以根據需求設定冥想時間，開始和結束時都會有提醒的鐘聲，同時附有引導冥想的訓練。此外，它也是一個全球冥想社區，可透過它接觸世界各地的冥想者。

關於冥想，我還有一個好建議：寫冥想日誌。這是觀察內心、了解潛意識很好的辦法。冥想時，很多深層的焦慮和情緒會跑出來。覺察這些念頭時，可以將它們記錄下來，並分析背後的原因。明白了情緒的源頭，就能以行動來改變。

*InsightTimer 官網，可由此掃描下載ＡＰＰ。

CrossFit，讓身體帶給自己快樂

二〇一五年六月，在朋友的推薦下，我第一次接觸了CrossFit。一開始，我並不明白CrossFit的訓練體系與核心理念，但我還是硬著頭皮展開了訓練。不到四個月，我的體能就有了極大的提升，從最初只能拿起七．五公斤的練習桿，到後來能硬拉五十公斤，頸後深蹲四十公斤，挺舉二十五公斤。隔年三月，我取得了CrossFit一級教練證。

健身是健康生活極其重要的一部分，有了系統的專業知識，就無需依賴別人，只要透過自我訓練，就能更全面地掌控自己的健康。在此和各位分享我這一年CrossFit的訓練和近期學習心得。

爲什麼我們健身？

健身有很多好處，卻也只是一種生活方式的選擇。既然可以選擇，那麼就表示它其實並非必要。世界上不健身的人占絕大多數，儘管這些人身體狀況不一定好，也可能比健身者容易得到更多疾病，但也活得挺不錯；相對的，若你選擇健身，雖然必須付出時間和金

錢成本，卻能享受健身帶來的各種好處。

我在這裡並不是鼓勵各位都去健身，而是想提供一個選項供各位思考。當一個人對選擇後的結果有著強烈渴望，這種渴望會轉化爲動力，讓他堅持下去。健身是一種一旦開始就需要長期堅持的生活方式，所以建議各位一定要找到強烈的內在動力再開始。

健身、運動與體能訓練

很多人把健身和運動，例如打籃球、跑步、打羽毛球劃上等號，其實差遠了。打籃球、跑步等運動稱做專項運動，而像CrossFit這樣的健身則側重綜合性的體能訓練。CrossFit把這種基本運動能力細分成十項：力量、速度、耐力、柔韌、敏捷、平衡等等，並設計了不同動作以訓練不同技能。可以說，CrossFit是各式運動的基礎，能有效提高訓練者在運動中的表現。

無論平時的主要運動方式是跑步、瑜伽或球類運動，進行常規的體能訓練都是很必要的，因爲它包含了一般運動無法提供的力量訓練和抗阻力訓練。

力量訓練非常重要，卻常被忽視。力量訓練最爲大衆熟知的作用是塑形，因爲良好的身形主要靠肌肉塑造，所以想擁有更完美的身材，減脂的同時還必須加上抗阻力訓練。不過在塑形之外，力量訓練還有一個重要功效，就是能幫助對抗現代生活方式給我們帶來的傷害，例如解決肩頸、背部和腰部疼痛等問題。

因脊椎引起的肩頸、腰背疼痛幾乎是都市人最普遍的健康問題，最主要的原因就是來自平日不正確的姿勢，例如長期低頭、聳肩都會讓後背肌肉處於無法放鬆的狀態。進行力量訓練能緩解肌肉緊張，並加強背部肌肉力量。強健的肌肉對脊椎有著極佳的保護作用，還可避免出現胸椎和腰椎問題。

因此，全面的健身應包含心肺耐力、抗阻力和柔軟伸展訓練，而CrossFit以高效率的方式將其完美地結合在一起。

什麼是CrossFit？

CrossFit的官方定義爲：持續變化、高強度的功能性訓練。也就是說，任何運動只要滿足持續變化、高強度、功能性動作三個條件，都可被稱爲CrossFit。我接下來會一一說明這三個關鍵條件。

CrossFit以嚴謹的科學思維和大量研究資料，提出了Fitness（身體素質）的標準定義。Fitness可視爲體能輸出能力，簡單來說就是在生命過程中保持強健狀態的能力。

我舉一個例子幫助各位理解：Fitness可視為一種挑戰，在一定時間內會隨機接到不同的體能挑戰任務，例如跳箱、舉重、引體向上、衝刺跑……如果你能完成的任務越多，表示你就越強健。

CrossFit以重複和間歇性為訓練模式，強調三大關鍵條件，以達到增強力量、全面發展體能、改善健康等目的。這是CrossFit與傳統健身最核心的差別。CrossFit強調全面的體能，塑形是結果而不是目標；傳統健身更關注減脂和塑形，而非體能的提升。

傳統健身房重視的是「分離動作」，例如手臂訓練，用器械單獨訓練某塊肌肉；CrossFit所有的訓練動作都是「功能性動作」，這些動作都是模仿生活中會出現的動作，例如深蹲（從坐著到起身的姿勢）、硬拉（從地上搬起重物的姿勢）……這些都會涉及全身各部位的協同合作。「功能性動作」比「分離動作」更有效的原因，在於它會刺激內分泌活動，讓身體產生相應的荷爾蒙，提高運動品質。

CrossFit還有一個特點，就是舉重在整個訓練中占有相當大的比重，因為幾乎所有的力量訓練都是用舉重或舉重的分解動作，例如深蹲、硬拉、推舉、高翻等來完成。舉重是典型的「功能性動作」，可以被設計成很棒的力量訓練和無氧訓練，卻一直被傳統健身所忽視。它同時也具有很高的技術含量，需經由大量練習才能掌握正確動作。因此舉重不僅能訓練肌肉，還能讓人在學習過程獲得樂趣。

CrossFit包含三種類型的訓練：體操類練習、舉重類練習和新陳代謝類練習，每種類型的側重點不同。體操類練習主要訓練的是控制身體的能力；舉重類練習主要訓練的是控制外物的能力；新陳代謝類練習主要訓練的則是長途跋涉的能力。這三大類型的訓練都能確保訓練者獲得更全面的身體機能。

CrossFit的訓練計畫稱爲「Workout Of the Day」（每日訓練，簡稱WOD）。CrossFit訓練帶有很強的趣味性，WOD讓每次訓練都變得獨特而新鮮。CrossFit也把體能訓練變成了一種可多人參與的遊戲，並有很多團隊訓練方式，其中既有隊友間的合作，又有不同團隊間的競爭，讓訓練者在體能訓練中能更盡興地投入。

運動和健身相結合的健康生活

我目前每週運動四次，包含專項運動和體能訓練。舞蹈是我目前最主要的專項運動，也是我最大的愛好之一，因此每週會訓練二至三次。此外，我偶爾也打網球和游泳。

我盡量保持一週兩次的CrossFit訓練，一方面確保每週的運動量；另一方面則希望體能能持續提升，而這又能提高我在專項運動中的表現。透過訓練，我在打網球和游泳時，都能明顯感覺到自己的臂力、腿力和耐力逐漸提高。

我認爲，美好的生活也來自健康。建議各位能定期進行體能訓練和自己喜歡的專項運動，讓體能不斷提升的同時，還能享受運用它的快樂。

後記／我的斜槓生活

很多人對斜槓青年的生活充滿好奇，想知道究竟是怎樣的生活。我無法代表所有的斜槓青年發言，因爲每個人的生活會隨個人發展、生活方式和人生理念而有所不同，所以我想談談自己的斜槓生活。

對我而言，生活上的最大不同來自時間不再被機械地分割：沒有上班、午休、下班的區間，也沒有工作日和休假日的概念，而是完全根據自己的節奏來安排每一天的生活。

有時候，我甚至很難區分什麼時候在工作、什麼時候在生活，因爲在大多數人看來，生活意味著做自己喜愛的事，而我的工作就是我喜愛的事，唯一的區別就是，這些事還能帶給我收入。因此，我所追尋的平衡，不是工作和生活間的平衡，而是大腦不同區域使用頻率的平衡：即找到藝術、思考、運動、娛樂等不同類型活動間的平衡。

儘管我擁有多職人生，但整體來說，我所做的大多屬於知識服務和教育領域。想成爲優秀的知識服務商，我必須先確保自己擁有全面的知識結構和幫助心智成長的理論方法，同時還要有敏銳的市場嗅覺，以及將知識產品化的能力。

如果說過去在工作上是一種持續地輸出和消耗，現在我的主要工作內容就是不斷讀書和思考、持續學習與輸入，這讓我每天都沉浸在成長的滿足當中。

工作內容的多元也是我的快樂來源。我經常同時進行不同領域的專案：可能昨天參與的是人文歷史類專案，今天換成了寫作與閱讀，明天或許是邏輯思維的訓練，週末則是舞蹈、繪畫或其他藝術課程，剩下的時間則用來研讀自己感興趣的領域，爲將來可能的新專案做準備。也因此，我的大腦必須經常處於高度活躍的狀態，幫助我的思維更有彈性，讓創造力推陳出新。

這樣的工作模式還能獲得一種經濟上的優勢：我幾乎不用擔心收入會斷炊，因爲每個專案都是一個獨立的收入管道，即使失去其中一條，還有其他管道在。只要努力經營每一條管道，使其成爲我在書中提到的持續、穩定的第二收入，並同時拓展新管道，就無須擔心經濟來源。

///

我的日常生活大概是這樣：早上七點起床，冥想二十分鐘，接著準備一頓豐盛的早餐，煮杯奶茶或咖啡，然後開啓一天的工作。上午九點到十二點是我一天中精力最充沛的時間，因此我會用這段時間專注完成當天須完成的工作。

一般來說，我會在前一天就計畫好第二天的工作流程，這樣當開始工作時，就不需花時間思考要做什麼，只要集中精力，以最高的效率來完成工作即可。下午我會給自己安排一些輕鬆的活動，例如讀書或運動。我的CrossFit訓練、舞蹈練習都在這個時間進行。晚上則相對悠閒許多，我會看電影、紀錄片，讀較輕鬆的書，和朋友吃飯，或在家安靜地練書法。

不過，我並不要求自己嚴格遵守這些時間表，而會根據身體發出的信號即時調整。身體很累了，我會改做個按摩，或提前就寢；如果感到焦慮，我會打坐，讓自己平靜下來；遇到懶散、不想上工的時候，我就去看電影、看娛樂節目，或出去逛街，找咖啡館坐坐。我只在大腦處於積極活躍的狀態下才工作，如果大腦想休息、偷懶，就任由它去，因爲我知道它休息之後，又會積極地重回工作崗位。

儘管如此，我也曾經歷一段長時間的忙碌期。

我在二〇一七年春節開始，就一個專案接一個專案地忙個沒完，但慶幸的是，我有足夠的掌控權把案子集中在一段期間，如此一來，我就能在不影響工作和收入的前提下，抽出一段時間去世界各地體驗生活。例如我剛邁入斜槓生活的第一年，就選擇在秋季去紐約學習百老匯爵士舞，這是我藏在心中許久的夢想。

／／／

我知道，如果選擇花更多時間在事業上，我可以發展得更好，收入也會更高，那麼我為什麼選擇斜槓生活呢？

二〇一六年年初，我在寫個人的年度計畫時，認眞地思考了人生目標。我發現自己是個對物質和名聲沒有太大欲望的人，正因如此，很多時候我會刻意低調，因爲只有在輕鬆安靜的環境中，我才能眞正專注於每個產品。因此我意識到，美好的生活其實很簡單——過得充實、快樂，沒有經濟壓力，內外和諧，就很足夠了。

然而，簡單生活並不意味著人生零追求。相反的，我在物質生活的平淡，來自於我將精力放在了心智的追求上。我所做的任何事背後都有個重要的信念：理性和好奇心是人類進步的根源。理性曾讓人類從歐洲中世紀的腐舊思維中解放；好奇心則推動著各世紀科學家揭開世界的奧祕和規律。當我們擁有理性、追求知識，看待自己和世界也將截然不同，同時將不易受情緒、欲望左右思考。對我來說，這樣的生活才是踏實且眞實的。

這是我的斜槓生活。它不一定是最好的生活方式，但它是目前最適合我的生活方式。

我很期待自己的努力，能讓更多人一起勇敢追求理性和知識，以及更豐富的精神生活。有時候我甚至認爲，這樣的生活與那些將人生奉獻在研究上的科學家、終日創作的藝術家或雲遊四海的旅行家的生活，並沒有本質上的區別，因爲我們都各自以喜愛的生活方式追逐夢想。我想，這才是最重要的。

Eurasian Publishing Group
圓神出版事業機構
用心與你對話・網野無限寬廣
圓神出版社
Eurasian Press

www.booklife.com.tw　reader@mail.eurasian.com.tw

圓神文叢 222

斜槓青年：全球職涯新趨勢，迎接更有價值的多職人生

作　　者／Susan Kuang
發 行 人／簡志忠
出 版 者／圓神出版社有限公司
地　　址／台北市南京東路四段50號6樓之1
電　　話／（02）2579-6600・2579-8800・2570-3939
傳　　真／（02）2579-0338・2577-3220・2570-3636
總 編 輯／陳秋月
主　　編／吳靜怡
責任編輯／周奕君
校　　對／周奕君・賴逸娟
美術編輯／林韋伶
行銷企畫／陳姵蒨・徐緯程
印務統籌／劉鳳剛・高榮祥
監　　印／高榮祥
排　　版／陳采淇
經 銷 商／叩應股份有限公司
郵撥帳號／18707239
法律顧問／圓神出版事業機構法律顧問　蕭雄淋律師
印　　刷／國碩印前科技股份有限公司
2017年9月　初版
2018年1月　17刷

原書名：斜槓青年：如何開啟你的多重身分
本作品中文繁體版通過成都天鳶文化傳播有限公司代理，經中南博集天卷文化傳媒有限公司授予圓神出版社獨家發行，非經書面同意，不得以任何形式，任意重製轉載。

定價 280 元　ISBN 978-986-133-631-2

對我而言，生活上的最大不同來自時間不再被機械地分割：沒有工作日和休假日的概念，而是完全根據自己的節奏來安排每一天的生活。有時候，我甚至很難區分什麼時候在工作，什麼時候在生活，因爲在大多數人看來，生活意味著做自己喜愛的事，而我所做的就是我喜愛的事，唯一的區別是，這些事能帶給我收入。因此，我所追尋的平衡，不是工作和生活間的平衡，而是大腦不同區域使用頻率的平衡：即藝術、思考、運動、娛樂等不同類型活動間的平衡。

——《斜槓青年》

國家圖書館出版品預行編目資料

斜槓青年：全球職涯新趨勢，迎接更有價值的多職人生／Susan Kuang 著.
-- 初版. -- 臺北市：圓神，2017.09
256 面；14.8×20.8 公分. --（圓神文叢；222）
ISBN 978-986-133-631-2（平裝）
1.自我實現 2.生活指導

177.2　　106011613